社員が本当におすすめする
ノザキの
コンビーフレシピ

監修 川商フーズ株式会社

BUNGEISHA

はじめに

「お献立の主役はいつもノザキのコンビーフ　おいしさも栄養も満点です」
これは、かつて「ノザキのコンビーフ」の広告で使われていたコピー。コンビーフの栄養価の高さ、さまざまな料理に使えるすぐれものだということを表していますが、それをもっと実践的に伝えたい！　そんな思いから生まれたのが本書です。

コンビーフを使って、毎日の料理をもっと手軽に、楽しく、幅広く。
定番メニューからちょっと手の込んだパーティー料理まで、社員がいつもつくっている、とっておきの
レシピをご紹介します。

がぶっとそのままかじりついてもおいしいコンビーフですが、ちょっとひと工夫すると、また違った表情を見せるのです。

コンビーフ愛たっぷりのレシピのなかから、ぜひお気に入りの一品を見つけてください。

川商フーズ社員一同

コンビーフの魅力を知る

コンビーフって何でできているの？

コンビーフの原材料は、その名のとおり牛肉です。英語で書くと「Corned Beef」で、塩漬けの牛肉という意味。現在のコンビーフは、塩漬け（JAS法では、「塩漬」は「えんせき」といいます）した牛肉を煮沸して、ほぐしたあと、一般的にミンチ肉、食用油脂、塩、調味料などを配合したものになっています。

「ノザキのコンビーフ」は独自の製法による「肉のボリューム感」と「口で溶けるやわらかい食感」が大きな特長であり、今も変わらない味を守り続けています。

コンビーフ 100g 缶

エネルギー	243kcal
たんぱく質	20.9g
脂質	17.3g
炭水化物	0 〜 1.6g
ナトリウム	588mg
食塩相当量	1.5g
製造地	山形県寒河江市

100gのコンビーフ缶詰を製造するのに、百数十gの牛肉が使われています。
塩漬工程を経ることで肉をやわらかく保ち、肉をほぐすことで繊維質の食感が引き出されます。
一見コンパクトな100gの缶詰ですが、牛肉の旨みと栄養が凝縮された一品です！

そのままでもおいしい！

缶を密封したあと、高温・高圧で殺菌しているので、もちろんそのまま食べられます。
塩漬けにより味つけもしっかりしているので、おやつやお酒のおつまみとして、手を加えなくてもそのままおいしい！ さっと食卓に出せるのも便利で嬉しいですね。緊急時の保存食にももってこいです。
お料理に使う際には、調味料をちょっと少なめにするのがコツ。コンビーフそのものの味わいを楽しめます。

どうやって開けるの?

コンビーフは、付属の「巻き取り鍵」を使って開封します。これは、コンビーフ缶詰が日本で発売された1950年に採用されました。巻き取り鍵での開け方をご紹介しましょう。

1 巻き取り鍵の穴に、缶の側面にある"巻き取り爪"を通します。

2 巻き取り鍵を右方向に回しながら、爪を外側に反らせるようにして鍵に巻きつけていきます。

3 そのまま缶の切り込みに沿って、巻き取り鍵を回していきます。

4 巻き取りが缶を一周したら、缶の上部をパカッと持ち上げます。

イージーオープン (EO) 缶もあるよ!

75gの使いきりサイズ。プルトップ式で普通の缶詰と同じつくりなので、子どもでもかんたんに開けられます。

ノザキのコンビーフができるまで

ノザキのコンビーフは山形にある工場から全国に出荷されていきます。どんな風に缶詰になるのか、製造工程を追って見てみましょう。

1 解凍・カッティング

一昼夜かけてゆっくり解凍

原料肉をゆっくり解凍。解凍がすんだら、職人の手で牛脂や筋膜を除去して一定の大きさにカットします。これで以降の加工がしやすくなります。

2 塩漬

5℃以下で48時間!

洗浄した原料肉に、漬け込み用の塩などを加えて、かくはん。その後、冷蔵庫で48時間漬け込みます。

3 蒸煮

110℃で2時間!

肉の塊を簡単に繊維状にほぐせるよう、高温・高圧で蒸煮(煮沸)します。

4 ほぐし・選別

蒸煮した原料肉をほぐします。そのあと、細かい筋膜などを手作業で取り除き、人の目や機械を使って金属などの混入物がないかチェックします。

5 配合

肉に食塩や砂糖、香辛料、調味料などを加えて味つけ。さらに牛脂などを配合し、かくはんします。これでコンビーフは完成！

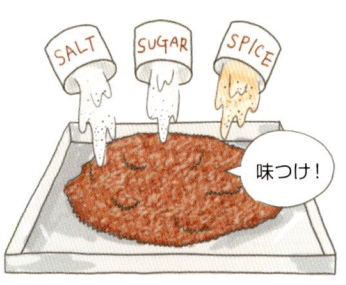

SALT
SUGAR
SPICE
味つけ！

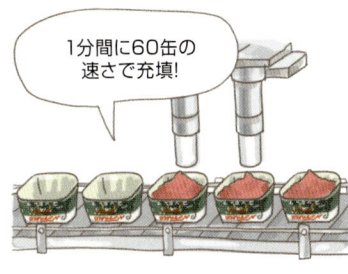

1分間に60缶の速さで充填!

6 充填・計量・巻締め

コンビーフを缶に充填し、計量します。もし少なかったり多すぎたりした場合、人の手で調節を行います。そして、蓋をかぶせて巻締めし、缶を密封。

7 殺菌・検査

缶を洗ってから、高温・高圧で殺菌。さらに冷却します。その後、賞味期限の印字や巻き取り鍵をつけて、さまざまな検査を実施。

8 出荷！

みなさんの食卓へと送り出します。

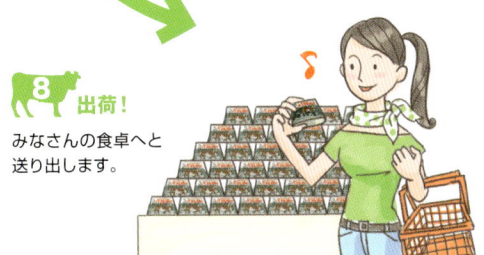

ノザキのコンビーフの歴史

1948年 (昭和23年)	6月	国産コンビーフ第一号「ノザキのコンビーフ」(瓶詰)発売

缶の製造に必要なブリキの供給が不十分な時勢だったため、国産コンビーフ第一号は"瓶詰"。コップ型のガラス瓶と、内側にゴムリングをはめたブリキ製のフタの「アンカー瓶」で発売されました。
当時は、現在のように十分な冷蔵設備がなかったため、製造元の日東食品製造(現日東ベスト)では、氷を入れた水槽を冷蔵庫代わりにして、肉の塩漬け加工を行なっていました。

1950年 (昭和25年)	6月	「ノザキのコンビーフ」(枕缶)発売

瓶詰では製造や取り扱いが不便なため、国産瓶詰コンビーフ第一号発売から2年後に缶が開発され、現在とほぼ同じ形の200g缶が出荷されました。これが、国産コンビーフ"缶詰"の第一号です。

1961年 (昭和36年)		「ニューコンビーフ」(現ニューコンミート)発売
1978年頃 (昭和53年)		生産数量がピークに!

当時、首都圏に掲げられていた看板

発売後は予想以上の人気を博したノザキのコンビーフ。とくに1965年(昭和40年)に入ると高度成長と食生活の向上もあり、缶詰のなかでも高級品目のひとつとして扱われ、日本の食卓の花形商品となります。生産のピークであった1978年(昭和53年)には、年間生産数が3264万缶(68万ケース)にものぼりました。

1999年 (平成11年)	4月	川鉄商事(株)と野崎産業(株)が合併
2000年 (平成12年)		「熟成コンビーフ」発売
2004年 (平成16年)		川鉄商事食品部門の独立・分社化に伴い、川商フーズ(株)発足
2010年 (平成22年)	3月	「脂肪分ひかえめコンビーフ」再発売
	9月	「山形県産牛コンビーフ」発売
2011年 (平成23年)	9月	「コンビーフEO缶」発売
2012年 (平成24年)	3月	「ノザキのコンビーフカレー」発売

コンビーフに合う調味料・食材

時間がないときでも、これと合わせればかんたんで間違いなし！

- しょうゆ
- マヨネーズ
- ブラックペッパー
- キャベツ
- たまねぎ  
- 卵
- じゃがいも

ビールとも合うよ!

もくじ

2	はじめに
4	コンビーフの魅力を知る
6	ノザキのコンビーフができるまで
8	ノザキのコンビーフの歴史
9	コンビーフに合う調味料・食材
14	本書の使い方

PART1　かんたんコンビーフレシピ

16	コンビーフのリエット
18	コンビーフ卵かけごはん
20	コンビーフでカプレーゼ
22	コンビーフアボカドごはん
24	コンビーフのユッケ風
26	コンビーフのピカタ
27	にんじんとキャベツのコンビーフ炒め
28	コンビーフの甘辛炒め
29	コンビーフのオーブントースト
30	コンビーフのルイベ
31	コンビーフの香味和え
32	コンビーフの佃煮でお茶漬け風
33	コンビーフディップ
34	COLUMN01 台形のひみつ

PART2　野菜たっぷりコンビーフレシピ

36	コンビーフのフーチャンプルー
38	コンビーフのトマト・ファルシ
40	コンビーフとチンゲン菜のミルク煮
42	トマトのコンビーフ詰めあんかけ
44	コンビーフキムチ丼
46	コンビーフゴーヤチャンプルー
47	しいたけのコンビーフ詰め
48	コンビーフほうれん草炒め
49	ブロッコリーのコンビーフ炒め
50	ピーマンとコンビーフの炒め煮
51	コンビーフでスタッフド・オニオン
52	コンビーフキャベツ
53	コンビーフロールキャベツ
54	COLUMN02 こんなに売れてるコンビーフ！

PART3　ヘルシーコンビーフレシピ

56	味噌チーズ豆腐コンビーフ
58	コンビーフ茶碗蒸し
60	高野豆腐のコンビーフ挟み揚げ焼き
62	コンビーフのさっぱりパスタ
64	コンビーフビーンズ
65	コンビーフと豆腐の重ね蒸し
66	コンビーフのタイ風春雨サラダ
67	コンビーフキャベツスープ

	68	大根とコンビーフの煮物
	69	コンビーフ卯の花
	70	COLUMN03 コンビーフ記念日

PART4　おもてなしコンビーフレシピ

	72	コンビーフのカラフルパスタサラダ
	74	コンビーフで洋風ちらし寿司
	76	コンビーフミートソースで豆腐のラザニア風
	78	コンビーフおやき すき焼き風
	80	コンビーフのケーク・サレ
	82	コンビーフ炊き込みごはん
	83	コンビーフのガーリックライス
	84	コンビーフミルフィーユ
	85	コンビーフパンケーキ
	86	コンビーフでムサカ
	87	コンビーフ焼きコロッケ
	88	コンビーフでスコッチエッグ
	89	コンビーフタコス
	90	厚揚げのコンビーフ詰め
	91	コンビーフ春巻き
	92	COLUMN04 地域に根ざすコンビーフ

PART5　満腹コンビーフレシピ

	94	コンビーフで2色丼

96	コンビーフオムライス
98	コンビーフのペンネグラタン
100	コンビーフでカルボナーラ
102	お好みコンビーフ
104	コンビーフとニラのもちふわチヂミ
105	コンビーフ炒飯
106	コンビーフトマトリゾット
107	コンビーフコンソメリゾット
108	コンビーフそうめん
109	コンビーフン
110	コンビーフもんじゃ
111	コンビーフのすき焼き風卵とじ
112	コンビーフで麻婆豆腐
113	コンビーフのジャージャー麺
114	コンビーフぎょうざ
115	コンビーフ団子味噌炒め
116	コンビーフの卵焼き
117	COLUMN05 ノザキといえば牛です！
118	SUPECIAL COLUMN ノザキのコンビーフでつくるシェフ直伝！よそいきレシピ
123	おわりに
124	おもな食材 INDEX

本書の使い方

材料は、基本的に2人分を目安に分量を出していますが、PART4に限り4人分です。また、コンビーフは「ノザキのコンビーフ」100g缶を使用していますが、レシピにより「ノザキのコンビーフ EO缶」や「脂肪分ひかえめコンビーフ」を使用するものもあります。なお、巻末に食材INDEXがついているので、食材からレシピを逆引きすることも可能です。ぜひ活用してください。

PART1 かんたんコンビーフレシピ

キャベツが鮮やか
にんじんとキャベツのコンビーフ炒め

材料（2人分）

ノザキのコンビーフ	1缶
にんじん	1/4本
キャベツ	3～4枚
砂糖	大さじ1
酒	大さじ1
しょうゆ	大さじ1
塩	適量
サラダ油	大さじ1

つくり方

1. にんじんはせん切り、キャベツはひとくち大にカットする。コンビーフはよくほぐす。
2. サラダ油を敷いたフライパンでにんじんがやわらかくなるまで炒めたら、コンビーフとキャベツを加え、さらに炒める。
3. 砂糖、酒、しょうゆを加えて、塩で味を調える。

社員の声 猿田さん
「余った野菜の活用術として覚えておくと便利です」

レシピを考案した社員から、ワンポイントアドバイスやアレンジ方法をお伝えします。料理のちょっとしたコツが書いてあることも。調理の際、ぜひ参考にしてみてください。

- 分量の表記は、1カップ＝200cc（200ml）、大さじ1＝15cc（15ml）、小さじ1＝5cc（5ml）です。
- めんつゆは3倍濃縮のものを、鶏がらスープの素・だしの素は顆粒タイプを使用しています。
- 電子レンジでは500Wで調理しています。
- レシピの分量や調理方法は目安です。様子を見ながら、加減・調整してください。

かんたんコンビーフレシピ

あらかじめ加熱殺菌済みで火を通す必要のない「ノザキのコンビーフ」を使えば、冷蔵庫にあるものでパパッとかんたんに一品できてしまいます。おつまみやおやつにもなるお手軽メニューをご紹介。

赤ワインのお供に
コンビーフのリエット

PART1　かんたんコンビーフレシピ

材料 (2人分)

ノザキのコンビーフ	1缶
たまねぎ	1/2個
バゲットなど	適量
マヨネーズ	大さじ4
塩	適量
こしょう	適量
粉末バジル	適量

つくり方

1. たまねぎはみじん切りにして、水にさらしておく。コンビーフはほぐしておく。

2. たまねぎの水気をしっかり取って、コンビーフと混ぜ合わせる。マヨネーズを加えてよく混ぜ、塩、こしょうを振って味を調える。

3. ココットなどに盛りつけ、粉末バジルを振って、バゲットなどを添える。

Point
コンビーフは、缶から取り出して15秒ほどレンジで加熱するとほぐれやすくなります。

 江口さん
「たまねぎは、粗みじん切りにするとシャキシャキの食感が楽しめます。コーンを入れてもおいしい!」

ひと工夫でガッツリ系に
コンビーフ卵かけごはん

(写真は1人分です)

PART1 　かんたんコンビーフレシピ

材料 (2人分)

ノザキのコンビーフ	1缶
卵	2個
ごはん	茶碗2杯分
万能ねぎ	適量
白ごま	適量
しょうゆ	適量

つくり方

1. 万能ねぎは小口切りにする。コンビーフは軽くほぐす。

2. あたたかいごはんにコンビーフを混ぜる。

3. 2を器に盛って卵を落とし、万能ねぎ、白ごまを散らしてお好みでしょうゆをかける。

社員の声
鈴木（桐）さん
「いつもの卵かけごはんがちょっと豪華になります」

トマトをコンビーフに変えて
コンビーフでカプレーゼ

材料 (2人分)

ノザキのコンビーフ	1/2 缶
モッツァレラチーズ	100g
バジル	5〜6 枚
オリーブオイル	大さじ 1
ブラックペッパー	適量

つくり方

1. コンビーフ、モッツァレラチーズを 0.5〜1cm の厚さにスライスする。
2. コンビーフ、モッツァレラチーズ、バジルを 1 枚ずつ順番にお皿に並べ、全体にオリーブオイルをかける。仕上げにブラックペッパーを振る。

Point コンビーフを薄くスライスするときは、冷蔵庫で冷やしておくと切りやすいです。

大場さん
「濃厚な味わいが魅惑的です。赤ワインのおつまみにピッタリ！」

絶妙なクリーミーさがクセになる
コンビーフアボカドごはん

(写真は1人分です)

PART1 かんたんコンビーフレシピ

材料(2人分)

ノザキのコンビーフ	1/4 缶
アボカド	1 個
ごはん	茶碗 2 杯分
かつお節	25g
しょうゆ	大さじ 1 と 1/2
イタリアンパセリ	適量

つくり方

1 アボカドはひとくち大にカットする。コンビーフは軽くほぐしておく。

2 アボカドを入れたボウルにごはんとコンビーフを入れてよく混ぜ、さらにかつお節、しょうゆを加えて混ぜる。

3 2を器に盛り、イタリアンパセリを飾る。アボカドの皮を器にしてもかわいい（その場合は、ご飯を茶碗1.5杯分に）。

社員の声 鈴木（桐）さん
「わさびじょうゆやラー油、塩なども合います。お好みの味つけで楽しんでください」

日本酒のお供に
コンビーフのユッケ風

PART1　かんたんコンビーフレシピ

材料 (2人分)

ノザキのコンビーフ	1缶
卵黄	1個
万能ねぎ	適量
長ねぎ	適量
かいわれ大根	適量
しょうゆ	大さじ1/2
みりん	大さじ1/2
はちみつ	小さじ1/2
おろしにんにく	小さじ1
白ごま	適量
ごま油	小さじ1/2

つくり方

1. 万能ねぎは小口切り、長ねぎは白髪ねぎにする。

2. コンビーフをボウルに入れほぐしたら、しょうゆ、みりん、はちみつ、おろしにんにくを加えて混ぜる。

3. 全体が混ざったら白ごまを加え、さっくり混ぜる。ごま油をかけて香りを出す。

4. 器に盛って卵黄をのせ、万能ねぎ、白髪ねぎ、かいわれ大根、白ごまを散らす。

オススメはちみつ！　クローバークレスト はちみつ
クリーム状で舌触りのよい、カナダ産100％天然はちみつ。

鈴木（桐）さん
「クローバークレストはちみつは、川商フーズの人気商品です！」

ささっと作れるボリューム満点おかず
コンビーフのピカタ

材料（2人分）

ノザキのコンビーフ	1缶
卵	1個
野菜	お好みで
薄力粉	適量
粉チーズ	大さじ1
粉末パセリ	小さじ1
サラダ油	大さじ1

つくり方

1. コンビーフを厚さ1.5cmにスライスし、薄力粉をまぶす。

2. 卵を割り入れたボウルに粉チーズと粉末パセリを入れてよく混ぜ、1を浸ける。

3. フライパンにサラダ油を敷き、片面を焼く。ひっくり返す際に残った卵を流し込み、衣をまとめて形を整える。

4. オリーブやミニトマト、ベビーリーフやスライスしたにんじんなどを添えたお皿に盛りつける。

 田口さん
「おつまみやお弁当のおかずなど、活躍の場は幅広いです！」

PART1 かんたんコンビーフレシピ

キャベツが鮮やか
にんじんとキャベツのコンビーフ炒め

材料（2人分）

ノザキのコンビーフ	1缶
にんじん	1/4本
キャベツ	3〜4枚
砂糖	大さじ1
酒	大さじ1
しょうゆ	大さじ1
塩	適量
サラダ油	大さじ1

つくり方

1. にんじんはせん切り、キャベツはひとくち大にカットする。コンビーフはよくほぐす。

2. サラダ油を敷いたフライパンでにんじんがやわらかくなるまで炒めたら、コンビーフとキャベツを加え、さらに炒める。

3. 砂糖、酒、しょうゆを加えて、塩で味を調える。

猿田さん
「余った野菜の活用術として覚えておくと便利です」

しょうががアクセントになる
コンビーフの甘辛炒め

材料 (2人分)

ノザキのコンビーフ	1缶
長ねぎ	1/3本
しょうが	1かけ
砂糖	大さじ1/2
しょうゆ	大さじ1
糸唐辛子	適量
白ごま	適量
ごま油	大さじ2

つくり方

1. 長ねぎは粗みじん切りと白髪ねぎ（飾り用なので少量）に、しょうがはみじん切りにする。コンビーフは軽くほぐしておく。

2. ごま油を熱したフライパンでしょうがを炒めて香りを出し、コンビーフ、みじん切りの長ねぎを加えてさらに炒める。

3. 砂糖、しょうゆを加えて味を調える。

4. 器に盛り、糸唐辛子、白ごま、白髪ねぎをのせる。

 社員の声

鈴木（千）さん
「サラダ菜に包んだりごはんにのせたり、お好みの食べ方でどうぞ」

PART1 かんたんコンビーフレシピ

（写真は1人分です）

朝ごはんにもってこい
コンビーフのオーブントースト

 材料(2人分)

ノザキのコンビーフ	1缶
たまねぎ	1/4個
食パン	2枚
コーン缶	35g
マヨネーズ	適量
ピザ用チーズ	80g

 つくり方

1. たまねぎは薄切りにする。コンビーフは8枚にスライスする。

2. 食パンにマヨネーズを塗り、たまねぎ、コンビーフ4枚、コーン、ピザ用チーズをのせる。

3. オーブンで5分ほど焼く。

 小笠原さん
「朝からしっかり食べたいときに最適です」

凍らせて切るだけ！
コンビーフのルイベ

 材料(2人分)

ノザキのコンビーフ	1缶
しょうゆ	適量
わさび	適量
マヨネーズ	適量
ブロッコリースプラウト	適量

 つくり方

1. コンビーフを缶のまま冷凍庫に入れ、凍らせる。凍った状態でコンビーフを缶から取り出す。

2. 凍ったコンビーフを3mmの厚さにスライスし、お皿に盛りつけてブロッコリースプラウトを添える。わさびじょうゆやマヨネーズじょうゆなど、お好みで。

 山口さん
「お刺身感覚の、ちょっと変わったコンビーフの楽しみ方です」

PART1 かんたんコンビーフレシピ

香りを楽しむ一品
コンビーフの香味和え

 材料(2人分)

ノザキのコンビーフ	1缶
らっきょう(酢漬け)	3かけ
みょうが	1個
大葉	2枚

 **つくり方**

1. らっきょうは粗みじん切り、みょうがと大葉はせん切りにする。

2. ほぐしたコンビーフに **1** を混ぜる。

3. 器に盛る。せん切りの大葉を全部混ぜずに残しておき、最後にのせると、見た目にも鮮やか。

社員の声　鈴木（千）さん
「わさびじょうゆにつけて食べると、また違った味わいです」

(写真は1人分です)

ちょっと小腹がすいてるときに
コンビーフの佃煮でお茶漬け風

材料(2人分)

ノザキのコンビーフ	1/2 缶
ごはん	お茶碗 2 杯分
粉末だし	小さじ 1/2
しょうゆ	大さじ 1
砂糖	大さじ 1
きざみのり	適量

つくり方

1. 鍋に、粉末だし、しょうゆ、砂糖、ほぐしたコンビーフを入れ沸騰させ、汁気がなくなるまで煮詰める。

2. 1をあたたかいごはんにかけ、お湯をそそいでお茶漬け風にする。最後にきざみのりをのせる。

 鈴木(泰)さん
「佃煮として、そのままごはんと一緒に食べても OK です」

PART1 かんたんコンビーフレシピ

混ぜるだけの楽ちんメニュー
コンビーフディップ

材料 (2人分)

ノザキのコンビーフ　1/2 缶
きゅうりやセロリなどの野菜
　　　　　　　　　　お好みで
サワークリーム　　　　45g
塩　　　　　　　　　　適量
こしょう　　　　　　　適量

つくり方

1. 好きな野菜をスティック状に切る。コンビーフはよくほぐす。

2. サワークリームにコンビーフを混ぜ、塩、こしょうで味を調える。

3. 器に盛り、野菜スティックに添える。

関口（由）さん
「クラッカーやパンに塗ってもおいしいです」

COLUMN 01 台形のひみつ

コンビーフ缶はなぜ台形？

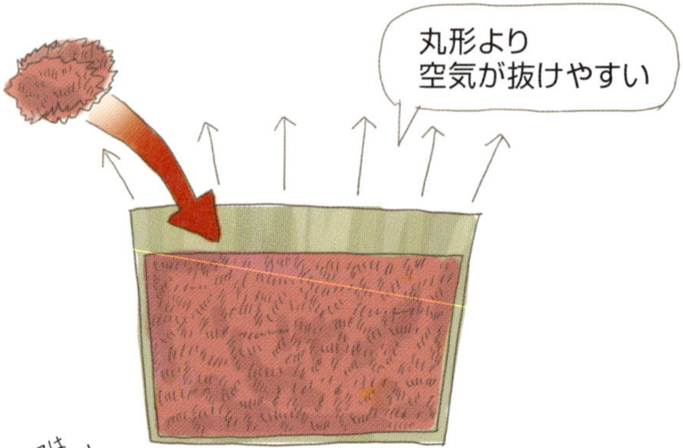

丸形より空気が抜けやすい

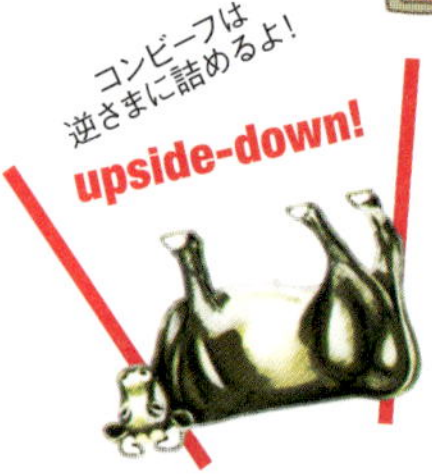

コンビーフは逆さまに詰めるよ！
upside-down!

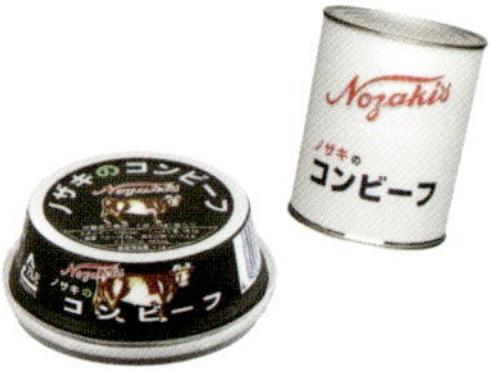

じつは丸缶もあるよ！

コンビーフ
イメージキャラクター
海老瀬はなさん

コンビーフの台形の缶詰は、「枕缶」と呼ばれます。これは、江戸時代に使われていた「箱枕」に形が似ていたため。
どうして台形なのかというと、面積が大きい側から肉を詰めることにより、缶のなかの空気を抜き、肉の酸化を防いで、保存性を高める効果があるためです。今は技術が向上して丸型でも問題なく詰められるようになったため、川商フーズでは1988年（昭和63年）から丸型の缶を採用したコンビーフも販売していましたが、やはり枕缶の人気が圧倒的に高く、今に受け継がれています。

PART 2

野菜たっぷりコンビーフレシピ

どんな野菜とも相性のいい「ノザキのコンビーフ」。旬のものやお好みの具材でアレンジして、野菜をたっぷり食べてください。冷蔵庫にあるものでつくれるお助けレシピも満載です。

フーチャンプルーにコクが出る
コンビーフのフーチャンプルー

(写真は1人分です)

材料(2人分)

ノザキのコンビーフ	1缶
卵	2個
キャベツ	2〜3枚
車麩	6〜8枚
もやし	1/2袋
粉末だし	小さじ1/2
しょうゆ	大さじ1
みりん	大さじ1
酒	大さじ1
塩	適量
ごま油	大さじ2

つくり方

1. 卵を溶き、粉末だしを混ぜておく。キャベツとコンビーフはひとくち大にカットする。

2. 車麩をぬるま湯(分量外)でもどし、軽くしぼったら、溶き卵に浸けておく。フライパンにごま油を敷き、車麩の両面を焼いて、一度取り出す。

3. コンビーフ、キャベツ、もやしを炒め、車麩をもどし入れる。

4. しょうゆ、みりん、酒を加えてさっと混ぜ、塩で味を調える。

社員の声 齊藤(圭)さん
「麩に卵をしっかり吸わせましょう。お好みでねぎやトマトを入れても◎」

トマトのなかにたっぷりコンビーフ！
コンビーフのトマト・ファルシ

（写真は1人分です）

PART2 野菜たっぷりコンビーフレシピ

材料(2人分)

ノザキのコンビーフ(EO缶)	1缶(75g)
トマト	2個
たまねぎ	1/4個
バジル	2枚
塩	適量
こしょう	適量
とろけるチーズ	適量
粉末パセリ	適量
サラダ油	大さじ1

つくり方

1. トマトのへたから下を切り、中身をスプーンでくり抜き、ボウルなどに取っておく。たまねぎはみじん切りにする。

2. サラダ油を敷いたフライパンでたまねぎを透き通るまで炒め、コンビーフ、くり抜いたトマトの中身、ちぎったバジルを入れてさらに炒め、塩、こしょうで味を調える。

3. 2をくり抜いたトマトに詰め、上にとろけるチーズ、粉末パセリをのせる。

4. 180℃に熱したオーブンで、約10分加熱する。

ただのトマトと思いきや……!

社員の声 清水さん
「EO(イージーオープン)缶はプルトップ開封式で使いきりサイズのコンビーフです」

あったかくてやさしい味わい
コンビーフとチンゲン菜のミルク煮

(写真は1人分です)

材料(2人分)

ノザキのコンビーフ	1缶
チンゲン菜	2株
バター	大さじ3
薄力粉	大さじ3
牛乳	3カップ
塩	適量
こしょう	適量
サラダ油	大さじ1

つくり方

1. チンゲン菜は縦4～6つに割って、サラダ油で手早く炒める。コンビーフはひとくち大にカットする。

2. 鍋にバターを溶かし、薄力粉を炒めて牛乳でのばす。このとき、牛乳を少量ずつ入れるとダマになりにくい。

3. 2にチンゲン菜とコンビーフを入れ、塩、こしょうで味を調える。

社員の声
猿田さん
「しめじなどのきのこ類を入れてもおいしいですよ。シチュー感覚で子どもも喜びます」

コンビーフの旨味が凝縮
トマトのコンビーフ詰めあんかけ

材料(2人分)

ノザキのコンビーフ	1缶
トマト	2個
しいたけ	2個
ピーマン	1個
たけのこ(水煮)	50g
塩・こしょう・片栗粉	各適量
A 卵	1個
A しょうゆ	小さじ1/2
A 酒	大さじ1
A 片栗粉	大さじ1
A 水	大さじ2
A こしょう	適量
B 鶏がらスープの素	小さじ1/2
B 水	1カップ
B 酒	大さじ1
B しょうゆ	小さじ1
B 砂糖	小さじ1
B 塩	適量
水溶き片栗粉	片栗粉 大さじ1、水 大さじ2
サラダ油	大さじ1

つくり方

1. トマトは中身をくり抜き、ボウルなどに取っておく。くり抜いたトマトのなかに塩、こしょう、片栗粉をはたいておく。しいたけとピーマンは細切りにする。コンビーフはよくほぐす。

2. たけのこは30gをみじん切りにし、コンビーフとトマトの中身、**A**を加えて混ぜる。**1**のトマトに等分して詰め、15〜20分ほど蒸す。

3. たけのこの残り20gを細切りにし、しいたけ、ピーマンとサラダ油で炒め、**B**を加えてあんを作り、水溶き片栗粉でとろみをつける。

4. 器に盛った**2**に、**3**のあんをかける。

社員の声 小笠原さん
「あんにパプリカを使うと、よりいっそう彩りが増します」

常備菜としても活躍
コンビーフキムチ丼

(写真は1人分です)

材料 (2人分)

ノザキのコンビーフ	1缶
キムチ	100g
たまねぎ	1/2個
万能ねぎ	適量
ごはん	茶碗2杯分
しょうゆ	小さじ2

つくり方

1. たまねぎは薄切り、万能ねぎは小口切りする。コンビーフは軽くほぐす。

2. コンビーフ、たまねぎとキムチ、しょうゆを混ぜ、耐熱容器に入れてレンジで1分30秒ほど加熱する。

3. レンジから取り出した 2 を器によそったあたたかいごはんにのせ、万能ねぎを散らす。

社員の声
田口さん
「レンジでかんたんに調理でき、つくりおきにも便利。豆腐でキムチ奴にするなど、自分流にアレンジしてみてください」

めんつゆのさっぱり味が夏にピッタリ
コンビーフゴーヤチャンプルー

材料(2人分)

ノザキのコンビーフ(EO缶)
	1缶(75g)
卵	3個
ゴーヤ	1本
パプリカ	1/2個
木綿豆腐	半丁
めんつゆ	大さじ2
塩	適量
こしょう	適量
ごま油	大さじ2

つくり方

1. ゴーヤは種とワタを取り、5mm幅にカットする。ひとつまみの塩(分量外)を揉みこんで15分ほどおき、水で洗い流すと苦味がやわらぐ。木綿豆腐は水気を切ってひとくち大にちぎる。パプリカは細切りにし、コンビーフはほぐしておく。

2. フライパンにごま油を熱し、ゴーヤを炒める。ゴーヤに火が通ったら、ほかの具材を加えてさらに炒める。

3. 木綿豆腐に焼き色がついたらめんつゆを入れて混ぜ、溶き卵を流し入れて好みの固さにし、塩、こしょうで味を調える。

社員の声 周藤さん
「ゴーヤの苦味とコンビーフの甘味がよく合う一品です」

PART2 野菜たっぷりコンビーフレシピ

のせるだけのお手軽メニュー
しいたけのコンビーフ詰め

材料(2人分)

ノザキのコンビーフ	1/2 缶
しいたけ	大２個
万能ねぎ	適量
しょうゆ	適量
とろけるチーズ	適量

つくり方

1. しいたけはいしづきを切り落とし、万能ねぎは小口切りにする。コンビーフはよくほぐしておく。

2. しいたけの内側が上を向くようにお皿に並べ、コンビーフを詰めてしょうゆをたらす。

3. 2にラップをかけ2分ほどレンジで加熱する。しいたけがしんなりしたら取り出し、万能ねぎを散らす。とろけるチーズをのせると洋風アレンジに。

社員の声 関口(由)さん
「チーズをのせる場合は、塩、こしょうで味つけするとよいです」

ささっと手早くできる
コンビーフほうれん草炒め

材料 (2人分)

ノザキのコンビーフ	1缶
ほうれん草	1袋
塩	適量
こしょう	適量
サラダ油	大さじ1

つくり方

1. ほうれん草は3cm幅くらいにカットする。

2. サラダ油を熱したフライパンでほうれん草を軽く炒めてから、コンビーフを加えてほぐしながらさらに炒める。

3. ほうれん草に火が通ったら、塩、こしょうで味を調える。

社員の声 鈴木（千）さん
「炒めながらコンビーフをほぐすと楽ちんですよ」

郵便はがき

料金受取人払郵便

新宿局承認

7321

差出有効期間
平成27年8月
31日まで
（切手不要）

1 6 0 - 8 7 9 1

8 4 3

東京都新宿区新宿1-10-1

(株)文芸社

　　　　愛読者カード係 行

|||||||||||||||||||||||||||||||||||||||

ふりがな お名前				明治　大正 昭和　平成	年生　歳
ふりがな ご住所	□□□-□□□□				性別 男・女
お電話 番　号	（書籍ご注文の際に必要です）	ご職業			
E-mail					
ご購読雑誌（複数可）				ご購読新聞	新聞
最近読んでおもしろかった本や今後、とりあげてほしいテーマをお教えください。					
ご自分の研究成果や経験、お考え等を出版してみたいというお気持ちはありますか。 ある　　　ない　　　内容・テーマ（　　　　　　　　　　　　　　　　　　　　　　　　　）					
現在完成した作品をお持ちですか。 ある　　　ない　　　ジャンル・原稿量（　　　　　　　　　　　　　　　　　　　　　　）					

書　名							
お買上書店	都道府県	市区郡	書店名				書店
			ご購入日		年	月	日

本書をどこでお知りになりましたか?
1. 書店店頭　2. 知人にすすめられて　3. インターネット(サイト名　　　　　)
4. DMハガキ　5. 広告、記事を見て(新聞、雑誌名　　　　　　　　　　　　)

上の質問に関連して、ご購入の決め手となったのは?
1. タイトル　2. 著者　3. 内容　4. カバーデザイン　5. 帯
その他ご自由にお書きください。
(
)

本書についてのご意見、ご感想をお聞かせください。
①内容について

②カバー、タイトル、帯について

弊社Webサイトからもご意見、ご感想をお寄せいただけます。

ご協力ありがとうございました。
※お寄せいただいたご意見、ご感想は新聞広告等で匿名にて使わせていただくことがあります。
※お客様の個人情報は、小社からの連絡のみに使用します。社外に提供することは一切ありません。

■**書籍のご注文は、お近くの書店または、ブックサービス(☎0120-29-9625)、セブンネットショッピング(http://www.7netshopping.jp/)にお申し込み下さい。**

PART2 野菜たっぷりコンビーフレシピ

お弁当にもピッタリ
ブロッコリーのコンビーフ炒め

材料（2人分）

ノザキのコンビーフ	1缶
ブロッコリー	1株
コーン缶	50g
しょうゆ	適量

つくり方

1. 小房に分けたブロッコリーを茹でる。コンビーフは粗くほぐしておく。

2. コンビーフをフライパンで炒める。細かくほぐれたら、茹でたブロッコリーとコーンを入れ、さらに炒める。

3. しょうゆをたらして風味づけし、全体を混ぜる。

社員の声
七五三掛（しめかけ）さん
「おかずがもう一品ほしい！ というときに」

ピーマンが丸ごと食べられる
ピーマンとコンビーフの炒め煮

材料(2人分)

ノザキのコンビーフ	1缶
ピーマン	5個
ごま油	大さじ1
A 水	1と1/2カップ
酒	大さじ2
しょうゆ	大さじ2
鷹の爪	1本

つくり方

1 ごま油を敷いたフライパンで、ピーマン(丸ごと)とほぐしたコンビーフを弱火でじっくり炒める。

2 1に**A**を入れ、落し蓋をして中火で煮る。

3 汁が適度に煮詰まったらできあがり。

社員の声
関口(由)さん
「種もやわらかくなるので、ピーマンを余すことなく味わえます」

PART2 野菜たっぷりコンビーフレシピ

ごろっとした見た目もかわいい
コンビーフでスタッフド・オニオン

材料(5個分)

ノザキのコンビーフ	1缶
たまねぎ	小5個
薄力粉	適量
バター	大さじ2
デミグラスソース	大さじ5
塩	適量
こしょう	適量
水	2カップ

つくり方

1. たまねぎは中心を2/3ほどくり抜き、くり抜いた中身はみじん切りにして、ほぐしたコンビーフと混ぜ合わせておく。

2. カップ状のたまねぎの内側に薄力粉を振り、1を等分して詰める。

3. 煮込み鍋にバターを溶かす。2のコンビーフに焼き色をつけてから引っくり返して並べ、水を入れて中火で20分煮込む。

4. デミグラスソース、塩、こしょうを加え、さらに30分、弱火で煮込む。

社員の声 鈴木(桐)さん
「たまねぎは先の尖ったスプーンやペティナイフを使うと上手にくり抜けます」

生キャベツがもりもり食べられる
コンビーフキャベツ

材料 (2人分)

ノザキのコンビーフ	1/2 缶
キャベツ	1/4 玉
にんにく	1 かけ
塩	適量
こしょう	適量
オリーブオイル	大さじ3

つくり方

1 にんにくは薄切り、キャベツはくし切りする。コンビーフはよくほぐしておく。

2 にんにくを、オリーブオイルで香りが立つまで弱火で揚げる。

3 2にコンビーフと塩、こしょうを加え、さらに炒める(塩はキャベツの分も考え、やや多めに入れておく)。

4 キャベツをお皿に並べ、3をまんべんなくかける。

社員の声
関口(由)さん
「コンビーフはちょっと濃い目に味つけしておくとよいです」

PART2 野菜たっぷりコンビーフレシピ

(写真は1人分です)

定番メニューをコンビーフで
コンビーフロールキャベツ

材料(2人分)

ノザキのコンビーフ	1缶
キャベツ	大4枚
たまねぎ	小1個
カットトマト缶	200g
コンソメキューブ	1/2個
水	1カップ
スパゲティ	適量
A 卵	1個
A パン粉	大さじ4
A 牛乳	大さじ2
A こしょう	適量

つくり方

1. たまねぎはみじん切り、キャベツはサッと茹でて、芯をそぎ取る。コンビーフは粗くほぐしておく。

2. コンビーフとたまねぎをボウルで合わせ、そこへ **A** を加え、よく混ぜ合わせる。

3. キャベツに **2** を等分してのせ、形よく巻き、短く折ったスパゲティを楊枝代わりにしてとめる。

4. カットトマト缶、コンソメキューブ、水を煮立てたなかに、**3** をとじ目を下にして並べ入れ、弱火で20分煮る。

社員の声 坂上さん
「キャベツはレンジ加熱でやわらかくしてもOKです」

COLUMN I ♥ 02 こんなに売れてる コンビーフ!

「ノザキのコンビーフ」の累計販売数は、つなげると**地球一周半**に相当します。

※ 2013年3月末現在、「ノザキのコンビーフ」と「ノザキのニューコンミート」を合わせて。

愛され続けて8億8326万個!

食品流通部
周さん

　1948年(昭和23年)の発売以来、皆さまに愛されてきた「ノザキのコンビーフ」。その累計販売数は、「ノザキのコンビーフ」と「ノザキのニューコンミート」(1961年[昭和36年]に販売開始)を合わせて、なんと8億8326万個にも達します(2013年3月末現在)。
　この累計販売数のコンビーフ缶を横につなげると、6万1828kmという長さになり、ほぼ地球一周半強に相当するのです! コンビーフの、長い歴史の表れでもあります。

(コンビーフ100g缶の横幅約7cm×8億8326万個＝6万1828km。地球一周は約4万kmです)

PART 3

ヘルシーコンビーフレシピ

ノザキブランドには、ノーマルタイプより脂肪分が50％カットされた「脂肪分ひかえめコンビーフ」があります。ちょっとさっぱりめの味で、ダイエット中の方にもおすすめしたいレシピをそろえました。もちろん、ノーマルタイプでつくってもおいしいですよ。

「脂肪分ひかえめコンビーフ」
100gあたり136kcal、脂質5.9g

重ねて焼くだけ！
味噌チーズ豆腐コンビーフ

PART3　ヘルシーコンビーフレシピ

材料(2人分)

脂肪分ひかえめコンビーフ	1/2 缶
木綿豆腐	半丁
万能ねぎ	適量
とろけるチーズ	50g
A　味噌	大さじ 1
砂糖	小さじ 1
酢	小さじ 1/2

つくり方

1. 木綿豆腐はひとくち大にカットし、万能ねぎは小口切りにする。

2. ほぐしたコンビーフに **A** を加えて混ぜる。

3. 耐熱容器に木綿豆腐を並べ、**2** を広げてのせる。その上にとろけるチーズを重ね、万能ねぎを散らす。

4. オーブントースターで5分ほど焼く。

社員の声　小林（由）さん
「家にあるものでパパッとつくれます。おかずにもおつまみにもなります！」

いつもの茶碗蒸しにひと工夫
コンビーフ茶碗蒸し

(写真は1人分です)

PART3　ヘルシーコンビーフレシピ

材料（2人分）

脂肪分ひかえめコンビーフ	1/2 缶
卵	2 個
三つ葉	適量
塩	適量
こしょう	適量
鶏がらスープの素	小さじ 1/2
水	2 カップ

つくり方

1. コンビーフは細かくほぐす。

2. 卵をほぐして塩、こしょうを振り、水に溶かした鶏がらスープの素を合わせて静かに混ぜる。

3. 蒸し茶碗にコンビーフを入れて **2** を静かに流し入れる。

4. 蒸し器に入れ、中火で 15 〜 20 分ほど蒸す。仕上げに三つ葉をのせる。

社員の声 関口（由）さん
「脂肪分ひかえめコンビーフを使うことで、やさしい味に仕上がります」

ピクニックに持って行きたい！
高野豆腐のコンビーフ挟み揚げ焼き

PART3　ヘルシーコンビーフレシピ

材料（4個分）

脂肪分ひかえめコンビーフ	1/2缶
高野豆腐	2枚
大葉	8枚
とろけるチーズ	適量
塩	適量
こしょう	適量
薄力粉	適量
卵	1個
パン粉	適量
スパゲティ	3本
サラダ油	大さじ3

つくり方

1. 高野豆腐を水（分量外）に30分ほど浸けて、しっかりもどす。コンビーフは1cmほどの厚さにスライスする。

2. もどした高野豆腐の水をキッチンペーパーでしっかり取り、1/2の薄さにしたあと、縦半分にカットする（高野豆腐2枚で4ペアつくる）。

3. 切った高野豆腐それぞれの両面に塩、こしょうを振って軽く下味をつける。高野豆腐、大葉、コンビーフ、とろけるチーズ、大葉、高野豆腐の順番で重ね、四隅を5cmほどの長さに折ったスパゲティでとめる。

4. 3に薄力粉、卵、パン粉の順に衣を浸けて、サラダ油を熱したフライパンで揚げ焼きする。目安は、両面がカリッときつね色になるまで。160℃くらいで3〜4分がひっくり返すいいタイミング。

社員の声

江口さん
「揚げてる途中で触りすぎると衣が剥げることがあるので、触りたくても我慢が大切！」

野菜をどっさり入れよう
コンビーフのさっぱりパスタ

(写真は1人分です)

PART3　ヘルシーコンビーフレシピ

材料(2人分)

脂肪分ひかえめコンビーフ	1缶
ズッキーニ	1本
トマト	1/2個
水菜	1束
にんにく	2かけ
スパゲティ	200g
塩	適量
こしょう	適量
しょうゆ	大さじ2
オリーブオイル	大さじ1

つくり方

1. ズッキーニは薄切り、トマトはくし切り、水菜は5cmほどの長さにざく切りし、にんにくはみじん切りにする。コンビーフはほぐしておく。

2. スパゲティをアルデンテの硬さに茹でる。その間に、オリーブオイルでコンビーフと、水菜以外の野菜を炒める。

3. 2にスパゲティとゆで汁(少量、分量外)を合わせ、塩、こしょう、しょうゆで味を調える。

4. 水菜を入れ、さっと混ぜる。

社員の声　周藤さん
「野菜は家にある残りものや、旬のものをお好みで入れてください」

冬の定番メニューに！
コンビーフビーンズ

材料（2人分）

脂肪分ひかえめコンビーフ	1缶
たまねぎ	1/2個
セロリ	1/4本
にんじん	1/4本
ミックスビーンズ缶	120g
サラダ油	大さじ1
A ホールトマト缶	400g
水	1カップ
コンソメキューブ	1/2個
ケチャップ	大さじ1
ウスターソース	大さじ1
はちみつ	大さじ1/2

つくり方

1. たまねぎ、セロリ、にんじんは粗めのみじん切りにし、コンビーフは軽くほぐしておく。

2. 鍋にサラダ油を熱し、コンビーフとたまねぎ、セロリ、にんじん、ミックスビーンズを炒める。たまねぎが焦げないように注意して。

3. 2にAを加え、10分ほど煮込む。

社員の声　鈴木（千）さん
「野菜は冷蔵庫にあるものでOK！ ミネストローネ感覚です」

(写真は1人分です)

上品で和風な一品
コンビーフと豆腐の重ね蒸し

材料(2人分)

脂肪分ひかえめコンビーフ 2缶
木綿豆腐 1丁
栗の甘露煮 3〜4個

A
- だし汁 2カップ
- しょうゆ 大さじ3
- みりん 大さじ3
- 酒 大さじ1
- 水溶き片栗粉
  片栗粉 大さじ1、水 大さじ2

つくり方

1. 木綿豆腐は半丁にしてから、3枚の薄切りにする。栗の甘露煮は1/4の大きさにカットする。

2. コンビーフをよく練って栗を混ぜ、**A**の1/3量を合わせる。

3. 木綿豆腐を一番下にして、**2**と交互に重ねて器に盛り、**A**の残りをかけて弱火で20分蒸す。最後に栗の甘露煮をのせるとかわいい。

社員の声 猿田さん
「栗の甘露煮の量で甘さを調節してください」

エスニック風にコンビーフを味わう

コンビーフのタイ風春雨サラダ

材料 (2人分)

脂肪分ひかえめコンビーフ	1/2 缶
きゅうり	1/2 本
にんじん	1/4 本
トマト	適量
レモン	適量
春雨	30g
パクチー	適量
ピーナツ	適量
A 酢	大さじ 3
ごま油	大さじ 3
すりごま	大さじ 2
ナンプラー	大さじ 3
砂糖	小さじ 2

つくり方

1. きゅうりは塩（分量外）で板ずりしてせん切り、にんじんはごく細いせん切りにする。トマト、レモンはくし切りにする。コンビーフは粗くほぐしておく。

2. 春雨を熱湯（分量外）でもどし、食べやすい大きさに切ったらコンビーフ、きゅうり、にんじん、Aと合わせる。

3. 器に盛り、トマト、レモン、パクチーを添えて、砕いたピーナツを散らす。

社員の声 坂上さん
「レモン汁をかけると、よりさっぱり食べられます」

ごはんにもパンにも合う
コンビーフキャベツスープ

材料（2人分）

脂肪分ひかえめコンビーフ 1缶
キャベツ　　　　　　　　1/4個
ミニトマト　　　　　　　10個
水　　　　　　　　3と1/2カップ
コンソメキューブ　　　　2個
塩　　　　　　　　　　　適量
こしょう　　　　　　　　適量

つくり方

1. キャベツは芯を抜き、くし切りにする。コンビーフはひとくち大にカットする。

2. 深めの鍋にキャベツ、水、コンソメキューブを入れ、10分ほど弱火で煮る。

3. 2にコンビーフとミニトマトを加え、さらに10分ほど煮る。キャベツがやわらかくなったら塩、こしょうで味を調える。

社員の声　小笠原さん
「あっさりだけど、コンビーフの旨味が味わい深い一品です」

新しいおふくろの味
大根とコンビーフの煮物

材料（2人分）

脂肪分ひかえめコンビーフ	1/2 缶
大根	350g
万能ねぎ	適量
水	適量
A 酒	大さじ1
白だし	小さじ1
しょうゆ	大さじ1

つくり方

1. 大根は大きめの乱切りに、万能ねぎは小口切りにする。コンビーフは1cmほどの厚さにスライスする。

2. コンビーフと大根、Aを鍋に入れ、ひたひたになるくらいまで水を入れる。落し蓋をして15分ほど煮る。

3. 器に盛り、万能ねぎを散らす。

社員の声
関口（由）さん
「煮る時間の調節で、大根にコンビーフの味を染み込ませて」

PART3 ヘルシーコンビーフレシピ

意外にも好相性！
コンビーフ卵の花

材料（2人分）

脂肪分ひかえめコンビーフ	1缶
おから	200g
にんじん	1/2本
しいたけ	4個
長ねぎ	1/2本
A 水	2カップ
粉末だし	小さじ2
砂糖	少々
しょうゆ	大さじ1/2

つくり方

1. にんじん、しいたけ、長ねぎは粗みじん切りにする。コンビーフはよくほぐしておく。

2. Aを鍋に入れてひと煮立ちさせ、コンビーフを加える。

3. にんじん、しいたけ、長ねぎを入れさらにひと煮立ちしたら、おからを加える。

4. 水気がなくなる程度まで炒める。

社員の声 鈴木（千）さん
「ひじきやこんにゃくを入れるとボリュームアップします」

COLUMN 03 コンビーフ記念日

毎年 **4月6日**は**コンビーフの日**です。

「特許申請します！」

「承知しました」

食品流通部
常温食品グループ
猿田さん

　1875年（明治8年）4月6日、アメリカでコンビーフの台形の缶が特許登録されました。当時は技術も未発達で、缶詰の保存期間はそれほど長くありませんでした。そこに開発された台形状の缶詰。コラム01でもお話したように、できるだけ空気が入らないようにするその形で、保存性を高めることに成功したのです。そんなコンビーフの飛躍をもたらした特許登録にちなみ、4月6日が「コンビーフの日」に制定されました。
　なお、「ノザキのコンビーフ」の保存期間は3年。非常用食品としても使えますよ！

PART 4

おもてなしコンビーフレシピ

ちょっと特別な日の食卓に、パーティーの手土産に。そんなときの料理でも「ノザキのコンビーフ」は大活躍です！ 見た目も華やかで、たくさんつくるのも楽ちんなメニューを集めました。

見た目も食感も楽しい
コンビーフのカラフルパスタサラダ

PART4 おもてなしコンビーフレシピ

材料 (4人分)

ノザキのコンビーフ	1/2 缶
ミニトマト	6 個
ショートパスタ (サラダ用パスタでも可)	80g
コーン缶	95g
ミックスビーンズ缶	60g
オリーブオイル	大さじ 3
バルサミコ酢 (なければ酢でも可)	大さじ 1
塩	適量
ブラックペッパー	適量
粉チーズ	適量

つくり方

1. ショートパスタは茹でてざるに上げ、冷水でしめる。ミニトマトは半分にカットする。コンビーフはほぐしておく。

2. ボウルに、水気をよくきったコーンとミックスビーンズ、コンビーフ、パスタ、ミニトマトを入れ、オリーブオイルを加えて全体を混ぜ合わせる。

3. しっかり混ざったら、バルサミコ酢、塩、ブラックペッパーで味を調える。

4. 器に盛りつけ、粉チーズを振る。

社員の声
江口さん
「写真はくるくるしている"フジッリ"を使ってみました。ペンネや、蝶の形をした"ファルファッレ"でもかわいいですよ」

酢飯でさっぱり！
コンビーフで洋風ちらし寿司

PART4　おもてなしコンビーフレシピ

材料(4人分)

ノザキのコンビーフ	1缶
卵	2個
ごはん	茶碗4杯分
にんじん	1/2本
きゅうり	1/2本
小エビ	100g
レモン	適量
ミニトマト	適量
セルフィーユ	適量
塩	適量
A　砂糖	大さじ2
酢	大さじ4
塩	少量

つくり方

1. ごはんが熱いうちに**A**を加えてよく混ぜ、酢飯をつくる。にんじん、きゅうりはせん切りにし、きゅうりは軽く塩もみして水で洗っておく。コンビーフは半分をよくほぐし、半分は1cm角のさいの目切りにする。

2. 卵は錦糸卵にする。小エビは塩茹でし、酢少量（分量外）を振っておく。

3. 酢飯に、下ごしらえした野菜、小エビ、ほぐしたコンビーフを混ぜて器に盛り、カットしたコンビーフ、錦糸卵をのせる。お好みでレモン、ミニトマト、セルフィーユを飾る。

社員の声　坂上さん
「大皿にどーんと盛って、ぜひパーティーの真んなかに。子どもたちも喜びます」

ワインがきいた大人の味
コンビーフミートソースで豆腐のラザニア風

PART4　おもてなしコンビーフレシピ

材料 (4人分)

【ミートソース】 およそ 800〜900g 相当できあがります。

ノザキのコンビーフ	2缶
にんにく　2かけ／たまねぎ　小2個／にんじん　1本／なす　1本	
赤ワイン	2カップ
トマトピューレ（ケチャップでも可）	大さじ4
ホールトマト缶	600g
コンソメキューブ	2個
塩、こしょう	各適量
バター	20g
オリーブオイル	大さじ2

【ラザニア】

絹ごし豆腐	1丁
薄力粉	適量
とろけるチーズ	適量

つくり方

[ミートソース] P86、P98のレシピでもミートソースを使います。

1 にんにく、たまねぎ、にんじん、なすはみじん切りにする。

2 オリーブオイルとバターをフライパンで熱し、にんにくを焦がさないように炒める。にんにくの香りがしてきたら野菜をすべて入れ、しんなりするまで炒める。最後にコンビーフを入れてしっかりほぐす。

3 赤ワインを入れて中火で煮立たせる。アルコール分が飛んだら、ホールトマトを加えてトマトを潰しながら全体を混ぜ合わせる。トマトピューレとコンソメキューブを入れ、もう一度弱火でことこと煮立たせる。最後に塩、こしょうで味を調える。

[豆腐のラザニア]

4 絹ごし豆腐をキッチンペーパーで包み、重しを置いて冷蔵庫に入れて水切りする（時間がない場合は、キッチンペーパーで包み、耐熱皿にのせてレンジで1分加熱、キッチンペーパーを取り替えて、再度レンジに1分かける）。

5 絹ごし豆腐を2cmほどの厚さにスライスし、全体に薄力粉をまぶす。

6 グラタン皿に豆腐の半分を敷いて、その上にミートソースをのせてならし、さらにとろけるチーズを重ねる。それをもう一度繰り返す。

7 オーブンで15分ほど、チーズがこんがりするまで焼く。

社員の声　江口さん
「ボリュームたっぷりなのに、豆腐を使っているので意外とヘルシーです」

みんな大好き甘辛風味
コンビーフおやき すき焼き風

材料 (6個分)

ノザキのコンビーフ	1缶
たまねぎ	1/4個
春菊	2本
万能ねぎ	2～3本
しらたき	50g
はちみつ	小さじ1
水	適量
サラダ油	大さじ1
A　強力粉、薄力粉	各1カップ
A　塩	小さじ1/2
A　熱湯	1カップ
B　しょうゆ	大さじ2
B　酒	大さじ2
B　砂糖	大さじ2

つくり方

1. ボウルで **A** を合わせ、ぽろぽろ状になるまで木ベラなどで混ぜる。混ざりきったら、手でこねながらまとめる。ラップなどに包んで1時間ほど冷蔵庫で寝かせる。

2. たまねぎは薄切り、春菊は1cmほどのざく切りにし、万能ねぎは小口切りにする。

3. たまねぎをひたひたの水でしんなりするまで煮る。食べやすい長さに切ったしらたき、春菊、**B** も加え、ひと煮立ちしたらコンビーフをほぐしながら入れる。水分がなくなるまで弱火で煮る。

4. 万能ねぎとはちみつを加えて混ぜ、冷ます。

5. 1の生地を6等分して丸める。平らに伸ばしてから具を包み、平たく成形する。

6. サラダ油を敷いたフライパンで両面がきつね色になるまで焼いたら、おやきの半分ほどの高さまで水を入れる。水分が飛ぶまで弱火で蒸し焼きにする。

社員の声　齊藤（智）さん
「かくし味のはちみつが、コンビーフの旨味をアップさせます」

お惣菜のケーキ
コンビーフのケーク・サレ

PART4 おもてなしコンビーフレシピ

材料 (パウンド型1個分)

ノザキのコンビーフ	1缶
ほうれん草	2束
プロセスチーズ (細かくしたもの)	40g
カッテージチーズ	60g
牛乳	30cc
マヨネーズ	25g
A 卵	2個
薄力粉	100g
ベーキングパウダー	3g
ガーリックパウダー	少量
塩	少量

つくり方

1. オーブンを180℃に温める。ほうれん草は3cmほどのざく切りにし、よくほぐしたコンビーフと混ぜ合わせる。

2. Aをボウルで合わせ、なめらかになるまで泡だて器で混ぜる。プロセスチーズ、マヨネーズを加えてさらによく混ぜる。最後に牛乳を加えてゆっくり混ぜ、全体になじんだら生地の完成。

3. クッキングシートを敷いた型に、2の生地を流し入れる。生地の上に1を均等にのせ、カッテージチーズをトッピングする。

4. オーブンで30〜40分ほど焼き、竹ぐしをさしても生地がつかなければ完成。

社員の声 田口さん
「崩れにくいし冷めてもおいしい。ホームパーティーに持ち寄るときなどに重宝します」

入れるだけ！のお手軽レシピ
コンビーフ炊き込みごはん

材料(4人分)

ノザキのコンビーフ	1缶
米	2合
たまねぎ	1/2個
ごぼう	1/4本
大葉	5枚
万能ねぎ	少量
いりごま	少量
A 塩	ひとつまみ
しょうゆ	大さじ1
白だし	大さじ3

つくり方

1. たまねぎはみじん切り、ごぼうはささがきにする。大葉は細切り、万能ねぎは小口切りにする。コンビーフはほぐしておく。

2. といだ米、たまねぎとごぼう、**A**を合わせ、炊飯器で炊く（調味料の分、水は少なめにする）。

3. ごはんが炊けたら、大葉を混ぜ、器に盛る。仕上げに万能ねぎといりごまをのせる。大葉を少し取っておいて飾っても。

社員の声
加藤（若）さん
「野菜を入れて具だくさんにすると、食べ応えがあります」

PART4 おもてなしコンビーフレシピ

炊き込みごはんをさらにアレンジ！
コンビーフのガーリックライス

材料（4人分）

コンビーフ炊き込みごはん
（P82参照）　　　茶碗4杯分
にんにく　　　　　　1かけ
きぬさや　　　　　　6さや
塩　　　　　　　　　適量
しょうゆ　　　　　　適量
サラダ油　　　　　大さじ1

つくり方

1. にんにくはみじん切りにする。きぬさやはレンジで軽く加熱して、細切りにする。

2. フライパンにサラダ油を敷き、にんにくを炒める。香りが出たらきぬさやを加えてさっと炒め、コンビーフ炊き込みごはんを入れる。

3. ごはんがパラパラになったら塩としょうゆで味を調える。

社員の声　加藤（若）さん
「冷えた炊き込みごはんを使用すると、パラパラに仕上がります」

食感と味のハーモニー
コンビーフミルフィーユ

材料(4人分)

ノザキのコンビーフ	1缶
じゃがいも	1個
なす	1本
とろけるチーズ	100g
バター	適量
粉末パセリ	適量
サラダ油	大さじ1

つくり方

1. じゃがいもは皮をむき、5mmほどにスライスして水にさらしたあと、電子レンジで3分ほど加熱する。コンビーフはほぐしておく。

2. なすも5mmほどの輪切りにし、サラダ油を敷いたフライパンで軽く焼く。

3. 耐熱容器に薄くバターを塗り、じゃがいも、コンビーフ、なす、コンビーフ、とろけるチーズの順に重ねる。

4. オーブントースターに**3**を入れて、15分ほど焼く。最後に粉末パセリを振る。

社員の声 一柳さん
「モッツァレラチーズを使ってもおいしいです!」

PART4 おもてなしコンビーフレシピ

あまじょっぱいおやつ
コンビーフパンケーキ

材料（6枚分）

ノザキのコンビーフ	1/2缶
たまねぎ	1/4個
プロセスチーズ	20g
塩	適量
こしょう	適量
サラダ油	適量
A ホットケーキミックス	300g
卵	1個
牛乳	1カップ

つくり方

1. たまねぎは薄切りにし、ほぐしたコンビーフとサラダ油で炒め、塩、こしょうで味を調える。

2. Aに、1と角切りにしたプロセスチーズを加え、混ぜ合わせる。

3. サラダ油を敷いたフライパンで2を焼く。見た目を華やかにしたいときは、Aに1をすべて混ぜずに少し取っておき、片面にのせて焼く。

社員の声 鈴木（泰）さん
「タネにマヨネーズを少量入れるとふっくら焼けますよ」

ギリシャの伝統料理
コンビーフでムサカ

材料(4人分)

コンビーフミートソース
(P77参照)　　　　　400g
なす　　　　　　　　中2本
薄力粉　　　　　　　適量
塩　　　　　　　　　適量
ホワイトソース　　　300g
ピザ用チーズ　　　　100g
オリーブオイル　　　大さじ2

つくり方

1. なすを厚さ3mmほどの斜め切りにして薄力粉をまぶし、オリーブオイルで焼く。

2. 1に塩を軽くまぶし、耐熱容器にコンビーフミートソース、なす、ホワイトソースの順番で重ねる。それを2回ぐらい繰り返し、一番上にピザ用チーズをのせる。

3. 200℃のオーブンで10分程度、チーズに焦げ目がつくまで焼く。

社員の声　七五三掛(しめかけ)さん
「耐熱ガラスの器に盛ると、紅白の層がきれいです」

PART4 おもてなしコンビーフレシピ

2種類の衣で見た目も楽しく
コンビーフ焼きコロッケ

材料（8個分）

ノザキのコンビーフ	1/2 缶
じゃがいも	1 個
たまねぎ	1/2 個
塩	適量
こしょう	適量
マヨネーズ	適量
白ごま	適量
柿の種	30g

つくり方

1. じゃがいもはよく洗って、皮つきのままラップをしてレンジで様子を見ながら2分ほど加熱する。たまねぎはみじん切り、柿の種はビニール袋に入れて麺棒で粗めに砕く。

2. じゃがいもをマッシュし、たまねぎとほぐしたコンビーフを加える。塩、こしょうを振って混ぜ、ひとくち大に丸める。

3. 2のひとつずつにマヨネーズを薄く塗り、半分に白ごまを、もう半分に砕いた柿の種をまぶす。

4. オーブントースターで10分ほど、ときどき返しながらこんがりするまで焼く。

社員の声 江口さん
「新じゃがでつくるとホクホク感が増します」

ゆで卵がおかずになる
コンビーフでスコッチエッグ

材料（4個分）

ノザキのコンビーフ	4缶
卵	4個
たまねぎ	1/2個
A　パン粉	1カップ
卵	1個
薄力粉	適量
卵	適量
パン粉	適量
サラダ油	適量

つくり方

1. たまねぎはみじん切りにし、卵は茹で卵にする。コンビーフは粗くほぐしておく。

2. コンビーフ、たまねぎ、Aを混ぜ、ねばりが出るまでよくこねる。

3. 2を等分して茹で卵を包み、薄力粉をまぶして卵をくぐらせパン粉をつけ、サラダ油で揚げる。

社員の声　猿田さん
「ひき肉の代用にできるのがコンビーフのいいところ！」

PART4 おもてなしコンビーフレシピ

みんなでワイワイつくりたい
コンビーフタコス

材料（4個分）

ノザキのコンビーフ	2缶
たまねぎ	1/2個
トマト	1個
サニーレタス	2〜3枚
チェダーチーズ	適量
タコシェル	4枚
タコシーズニング	大さじ1と1/2
水	80cc
サラダ油	大さじ1

つくり方

1. たまねぎはみじん切りにし、トマトは1cm角にカットする。サニーレタスはタコシェルの大きさに合わせてちぎる。コンビーフはほぐしておく。

2. たまねぎとコンビーフをサラダ油でしっかり炒め、水、タコシーズニングを加えてよく混ぜる。

3. 沸騰したら火を弱め、蓋をせず、焦げないようときどきかき混ぜながら5〜10分煮詰める。

4. タコシェルをレンジで軽く温め、3を等分して詰める。トマト、サニーレタス、チェダーチーズをのせる。

社員の声 田口さん
「具をごはんにのせてタコライスにしてもおいしい！」

食べ応えのあるおつまみ
厚揚げのコンビーフ詰め

材料 (4人分)

ノザキのコンビーフ	1缶
たけのこ (水煮)	100g
長ねぎ 1/2 本／しいたけ 2 個	
厚揚げ (大)	1丁
薄力粉	適量
水溶き片栗粉	
片栗粉大さじ 1、水大さじ 2	
サラダ油	大さじ 1
A　酒	大さじ 2
片栗粉	大さじ 1
B　鶏がらスープの素	小さじ 1/2
水	2 カップ
しょうゆ、砂糖各大さじ 2	
酒	大さじ 1/2

つくり方

1. 厚揚げは中身をくり抜き、ボウルに取る。くり抜いた内側に薄力粉をはたく。たけのこ、長ねぎ、しいたけはみじん切りにする。

2. 1 のボウルにほぐしたコンビーフ、たけのこ、長ねぎ、しいたけと A を混ぜ、厚揚げに詰める。

3. 2 をサラダ油を熱した鍋で焼き、B を加えて、落し蓋をして 20 〜 25 分ほど煮込む。

4. 厚揚げのコンビーフ詰めを器に盛り、残った煮汁に水溶き片栗粉でとろみをつけてかける。

社員の声 鈴木 (桐) さん
「噛むと、煮汁がじゅわっと染み出します」

PART4 おもてなしコンビーフレシピ

コンビーフがジューシー！
コンビーフ春巻き

材料(12本分)

ノザキのコンビーフ	1缶
しいたけ	4個
たけのこ（水煮）	80g
キャベツ	4枚
春巻きの皮	12枚
A 酒	大さじ3
しょうゆ	大さじ2
砂糖	小さじ1
鶏がらスープの素	小さじ1
水溶き片栗粉	
片栗粉大さじ1、水大さじ2	
サラダ油	大さじ3
ごま油	小さじ1

つくり方

1. しいたけ、たけのこ、キャベツは細切りにする。コンビーフは粗くほぐしておく。

2. 1をサラダ油で炒め、Aを加えて混ぜたあと、水溶き片栗粉でとろみをつけたら、ごま油を回し入れる。

3. 2を等分して春巻きの皮にのせて包み、水（分量外）をのりにして巻き終わりを止め、180℃の油（分量外、適量）で2～3分揚げる。

社員の声 関口（由）さん
「春巻きの皮は冷蔵庫から出して常温にしておきましょう」

COLUMN 04 地域に根ざすコンビーフ

コンビーフで**社会貢献活動**をしています！

初めて食べた！

**食品流通部
常温食品グループ**

坂上さん

　東日本大震災の復興支援の一環として、「2011 JFE西日本フェスタinふくやま」に出店した際には、東北・山形県で製造されているコンビーフ缶や福島県産の果実缶を販売し、売上の一部を義援金として寄付しました。
　また、中学生の企業訪問学習の受け入れ先となり、コンビーフが消費者の手に渡るまでの過程や商社の仕事などを学ぶ場を提供しています。さらに、大学学園祭への協賛、小学校や老人ホームへのコンビーフ缶の贈呈など、幅広い世代・地域を対象に、さまざまな社会貢献活動を行っています。

PART 5

満腹コンビーフレシピ

がっつり食べたい！ というときにこそ「ノザキのコンビーフ」は本領を発揮します。休日のお昼ごはんやとってもおなかのすいてるときに、コンビーフをたっぷり使ってつくってください！

子どもも喜ぶ
コンビーフで2色丼

(写真は1人分です)

PART5 満腹コンビーフレシピ

材料（2人分）

ノザキのコンビーフ	1/2 缶
卵	1個
きぬさや	4〜5さや
ごはん	茶碗2杯分
白ごま	適量
A しょうゆ	大さじ1
砂糖	小さじ1
水	大さじ3

つくり方

1. きぬさやを茹で、卵はいり卵にする。

2. ほぐしたコンビーフと **A** を合わせ、フライパンで煮詰める。

3. あつあつのごはんにいり卵と **2** をのせ、飾りにきぬさやを添えて白ごまを振る。

社員の声
中村（昌）さん
「コンビーフそぼろは、ストックしておくと重宝しますよ」

コンビーフ混ぜごはんで
コンビーフオムライス

(写真は1人分です)

材料 (2人分)

ノザキのコンビーフ	1缶
ごはん	茶碗2杯分
バター	20g
ごま	大さじ2
塩	適量
こしょう	適量
ケチャップ	適量
オリーブオイル	適量
A 卵	2個
牛乳	大さじ2
塩	適量
こしょう	適量

つくり方

1. 炊きたてのごはんに、ひとくち大に切ったコンビーフ、バター、ごま、塩、こしょうを混ぜる。

2. ボウルで **A** を合わせる。

3. 熱したフライパンにオリーブオイルを敷き、**2** を流し込む。最初に大きくさいばしで混ぜたあと、半熟になるまで焼く。

4. **1** をお皿に盛って **3** をのせ、仕上げにケチャップをかける。

社員の声 齊藤（圭）さん
「炊きたてのごはんを使うのがポイントです！ 少ない材料でかんたんにできますよ」

作り置きミートソースでかんたんに
コンビーフのペンネグラタン
（写真は1人分です）

PART5 満腹コンビーフレシピ

材料(2人分)

コンビーフミートソース(P77参照)	400g
ペンネ	100g
バジル	3〜4枚
ピザ用チーズ	80g

つくり方

1 ペンネを茹でる。

2 グラタン皿に、ペンネ、コンビーフミートソース、バジルを順に入れ、最後にピザ用チーズをのせる。

3 オーブントースターで10分ほど焼く。

社員の声
渡邊さん
「コンビーフの脂分と相性のいい、なすを入れてもおいしいですよ」

クリームソースとよく絡む
コンビーフでカルボナーラ

（写真は1人分です）

材料 (2人分)

ノザキのコンビーフ	1缶
スパゲティ	200g
粉末パセリ	適量
あらびきこしょう	適量
オリーブオイル	大さじ2
A 卵	2個
粉チーズ	大さじ2
生クリーム	大さじ3
塩	適量
こしょう	適量

つくり方

1. コンビーフを粗くほぐし、オリーブオイルで炒め、ボウルに取る。

2. スパゲティを茹で、熱いうちに **1** とよく混ぜ合わせる。

3. **A** をボウルなどで合わせ、よく混ぜる。

4. **2** に **3** を加え、卵がかたまらないよう手早く混ぜる。器に盛り、粉末パセリ、あらびきこしょうを振る。

社員の声 小笠原さん
「コンビーフはほぐしすぎないほうが具だくさん感覚を味わえます」

コンビーフだからしっかり味がつく
お好みコンビーフ

（写真は1人分です）

PART5 満腹コンビーフレシピ

材料 (2人分)

ノザキのコンビーフ	1缶
キャベツ	3〜5枚
長ねぎ	1/2本
お好み焼き粉	1カップ
卵	1個
水	1/2カップ

つくり方

1. キャベツはせん切り、長ねぎは斜め薄切りにする。コンビーフはよくほぐしておく。

2. お好み焼き粉に卵、水を加える(水の量で生地のかたさを調節する)。

3. 1と2を混ぜ合わせる。

4. ホットプレートやフライパンで焼く。ソースやマヨネーズ、かつお節、青のりなどはお好みで。

社員の声 中村(昌)さん
「生地にコンビーフをしっかり混ぜ合わせましょう」

もっちもち新食感
コンビーフとニラのもちふわチヂミ

材料(2人分)

ノザキのコンビーフ	1缶
ニラ	1束
もち	1個
鶏がらスープの素	小さじ2
カツオだしの素	小さじ1
水	1/2カップ
白ごま	適量
糸唐辛子	適量
サラダ油	大さじ2
A 卵	1個
A 薄力粉	1カップ
A 片栗粉	大さじ3

つくり方

1. ニラは5cm幅に切り、もちは1cmほどの角切りにする。

2. Aに、もったりした生地になるまで水を足す。もち、ニラ、ほぐしたコンビーフを入れて全体をさっくり混ぜ、鶏がらスープの素、カツオだしの素を加えて混ぜる。

3. フライパンに油を熱し、生地を一気に流し込む。中火で約5分、カリッとなるまで焼いたらひっくり返して3分。さらに蓋をして弱火で5分ほど蒸し焼きにする。

4. お皿に盛り、白ごま、糸唐辛子をのせる。

社員の声 江口さん
「酢じょうゆやラー油など、お好みの味つけで楽しんで」

PART5 満腹コンビーフレシピ

（写真は1人分です）

かんたんでガッツリ！
コンビーフ炒飯

材料(2人分)

ノザキのコンビーフ	1缶
たけのこ（水煮）	40g
長ねぎ	1/2本
卵	2個
ごはん	茶碗2杯分
塩	適量
こしょう	適量
サラダ油	大さじ2

つくり方

1. たけのこは粗みじん切り、長ねぎは薄い小口切りにする。コンビーフは1cm角のさいの目切りにする。

2. 卵を割りほぐし、サラダ油大さじ1を敷いたフライパンでいり卵をつくり、いったん取り出す。

3. 同じフライパンにサラダ油大さじ1を熱し、長ねぎを炒め、香りが出てきたらたけのこを炒める。

4. ごはんを入れてよくほぐし、コンビーフと **2** を加え、塩、こしょうで味を調える。

社員の声
坂上さん
「混ぜて炒めるだけのお手軽レシピです」

(写真は1人分です)

コンビーフの深い味わいが出る
コンビーフトマトリゾット

材料(2人分)

ノザキのコンビーフ	1/2 缶
たまねぎ	1/4 個
しめじ	1/2 パック
米	1 合
白ワイン	40cc
ローリエ	適量
カットトマト缶	200g
粉チーズ	適量
塩	適量
こしょう	適量
オリーブオイル	大さじ1

つくり方

1. たまねぎはみじん切りにする。しめじは食べやすい大きさに裂き、コンビーフはほぐしておく。

2. オリーブオイルでたまねぎといだ米を炒め、白ワインを加えて米が半透明になるまでさらに炒める。

3. コンビーフ、しめじ、ローリエ、カットトマト缶を加え、煮詰める。ときどき水(分量外)を加えながら、米の芯がなくなるまでさらに煮詰め、塩、こしょうで味を調える。

4. 器に盛り、粉チーズを振る。

社員の声 渡邊さん
「コンビーフの味をお米にじっくり浸透させてください」

（写真は1人分です）

ありあわせの具材でOK！
コンビーフコンソメリゾット

材料（2人分）

ノザキのコンビーフ	1缶
たまねぎ	1個
にんにく	1かけ
ブロッコリー	1/2株
ごはん（固めに炊いたもの）	1.5合
塩	適量
バジル	適量
粉末パセリ	適量
オリーブオイル	大さじ2
A コンソメキューブ	1個
水	1と1/2カップ

つくり方

1. たまねぎ、にんにくはみじん切りにする。ブロッコリーは小房に分けて下茹でする。コンビーフはほぐしておく。

2. フライパンにオリーブオイルを敷き、にんにくを炒める。香りが出てきたらたまねぎ、コンビーフの順に入れて炒め、たまねぎが透き通ったらごはんを加える。

3. 軽くかき混ぜたら **A** を入れる。ブロッコリーを加えて塩とバジルで味を調え、少し煮詰める。

4. 器に盛り、粉末パセリを振る。

社員の声 小笠原さん
「炊いたごはんを使う時短メニュー！」

夏バテ対策に！
コンビーフそうめん

材料 (2人分)

ノザキのコンビーフ	1/2 缶
ウズラの卵	2 個
きゅうり	1/2 本
トマト	1/2 個
大葉	2 枚
そうめん	2 束
めんつゆ	1と1/2 カップ
おろししょうが	小さじ1
ごま	小さじ1

つくり方

1. きゅうり、トマトは薄切りにする。コンビーフはほぐしておく。

2. おろししょうが、ごま、コンビーフを少量のめんつゆでのばしながら混ぜる。

3. そうめんを茹でて器に盛り、きゅうり、トマト、大葉を添えて、2とウズラの卵をのせる。残っためんつゆをかける。

(写真は1人分です)

社員の声 渡邊さん
「おろししょうがやごまの量、野菜はお好みでどうぞ」

PART5 満腹コンビーフレシピ

(写真は1人分です)

具だくさん焼きビーフン
コンビーフン

材料 (2人分)

ノザキのコンビーフ	1缶
ビーフン	150g
しいたけ	2個
たけのこ (水煮)	50g
にんじん	1/4本
小エビ	適量
ごま油	大さじ4
A 鶏がらスープの素	小さじ1
塩	適量
こしょう	適量
しょうゆ	小さじ1
水	1カップ

つくり方

1. しいたけは細切り、たけのこ、にんじんは短冊切りにして、にんじんはさっと茹でる。コンビーフは粗くほぐしておく。

2. ビーフンを熱湯 (分量外) で茹でもどし、ごま油で炒める。

3. コンビーフ、しいたけ、たけのこ、にんじん、小エビを炒めたあと、ビーフンと A を加えて、炒め合わせる。

社員の声 大場さん
「ビーフンがコンビーフの脂を吸ってうまいです!」

みんなでつつきたい
コンビーフもんじゃ

材料 (2人分)

ノザキのコンビーフ	1缶
キャベツ	3〜4枚
桜えび	適量
サラダ油	大さじ1
A 薄力粉	大さじ1
A 水	200cc
A ウスターソース	大さじ2

つくり方

1. キャベツは粗みじん切りにする。コンビーフはよくほぐしておく。

2. 1とA、桜えびをボウルで合わせ、よく混ぜる。

3. フライパンやホットプレートにサラダ油を敷き、2の生地を残して具だけ焼き、しんなりしたら「土手」を作って内側に生地を流し入れる。

4. 生地がふつふつしてきたら土手を崩して混ぜ、お好みの加減で焼く。

社員の声 大場さん
「もんじゃの具はお好みで。天かすやおもちを入れても◎」

PART5 満腹コンビーフレシピ

(写真は1人分です)

おかずに困ったら！
コンビーフのすき焼き風卵とじ

材料(2人分)

ノザキのコンビーフ	1/2 缶
卵	2 個
長ねぎ	1/2 本
たけのこ (水煮)	60g
しらたき	80g
めんつゆ	30cc
水	3/4 カップ

つくり方

1. 長ねぎは斜め切り、たけのこはせん切りにし、しらたきは粗くざく切りする。コンビーフは1cm角のさいの目切りにする。

2. 鍋に1を入れ、めんつゆと水を加えてひと煮立ちさせる。

3. 中火にし、溶いた卵を加える。蓋をして弱火で約2分蒸し煮にする。

社員の声 鈴木(桐)さん
「長ねぎはたまねぎに代えてもいいですね」

ピリ辛大人の味
コンビーフで麻婆豆腐

材料 (2人分)

ノザキのコンビーフ	1缶
絹ごし豆腐	1丁
長ねぎ	1/2本
万能ねぎ	適量
水溶き片栗粉	
片栗粉大さじ1、水大さじ2	
サラダ油	大さじ2
A　酒	大さじ2
しょうゆ	大さじ2
豆板醤、甜麺醤	各小さじ1
ごま油	大さじ1
鶏がらスープの素	小さじ1/2
水	1/2カップ

つくり方

1. 絹ごし豆腐は水気を切り、2cm角のさいの目切り。長ねぎはみじん切り、万能ねぎは小口切りにする。コンビーフは粗くほぐしておく。

2. サラダ油を熱し、長ねぎとコンビーフを炒め、Aを加えてひと煮立ちさせる。

3. 絹ごし豆腐を入れ、水溶き片栗粉でとろみをつける。

4. 器に盛り、万能ねぎを散らす。

社員の声 猿田さん
「辛さの調節は豆板醤で。鷹の爪を入れると引き締まります」

PART5 満腹コンビーフレシピ

（写真は1人分です）

肉味噌をコンビーフで
コンビーフのジャージャー麺

材料（2人分）

ノザキのコンビーフ	1缶
長ねぎ	1/4本
しょうが	1かけ
トマト	1/2個
水菜	1/4束
中華麺	2玉
甜麺醤	小さじ1
サラダ油	大さじ1
A 片栗粉	大さじ1
水	大さじ6
砂糖	小さじ1
しょうゆ	大さじ1/2

つくり方

1. 長ねぎは白髪ねぎにする。しょうがはみじん切り、トマトはくし切り、水菜は5cm幅のざく切りにする。

2. フライパンにサラダ油としょうが、甜麺醤を入れ、香りが出るまで炒める。香りが出たらコンビーフを加え、ほぐしながら炒める。

3. 全体が混ざったら **A** を加えて混ぜる。同時進行で中華麺を茹でておく。

4. お皿に中華麺を盛り、トマト、水菜を添えて **2** をかける。仕上げに白髪ねぎをのせる。

社員の声 渡邊さん
「甜麺醤がないときは、味噌と砂糖、しょうゆで代用！」

パリッとジューシー!
コンビーフぎょうざ

材料(16個分)

ノザキのコンビーフ	1/2 缶
キャベツ	2〜3枚
ニラ	1/3束
にんにく	1/2かけ
ぎょうざの皮	16枚
水	1/4カップ
サラダ油	大さじ2
A 酒	小さじ1
しょうゆ	小さじ1
ごま油	小さじ1

つくり方

1. キャベツ、ニラ、にんにくはみじん切りにする。コンビーフはよくほぐしておく。

2. 1にAを加え、よく練り混ぜる。

3. 2を等分してぎょうざの皮にのせ、水(分量外)をのりにして包む。

4. サラダ油を熱したフライパンにぎょうざを並べ、水を入れて蒸し焼きにする。

社員の声 坂上さん
「水分は、焼き上がりの好みで調節を」

PART5 満腹コンビーフレシピ

(写真は1人分です)

甘めのあんがたっぷり
コンビーフ団子味噌炒め

材料(2人分)

ノザキのコンビーフ	1缶
なす	2本
長ねぎ	1本
片栗粉	小さじ1
水	大さじ1
薄力粉	適量
水溶き片栗粉	
片栗粉大さじ1/2、水大さじ1	
A 赤味噌	大さじ1
しょうゆ	大さじ1/2
酒、ごま油	各大さじ1
鶏がらスープの素	小さじ1/2
水	1カップ

つくり方

1. なすは縦に4等分し、油通しする。長ねぎは2〜3cm幅に切る。

2. ほぐしたコンビーフに片栗粉と水を加えて練り混ぜ、2cm大のボール形に丸める。薄力粉をつけ、サラダ油(分量外)で揚げる。

3. 鍋にサラダ油大さじ2(分量外)を熱して長ねぎを炒め、**A**を加える。水溶き片栗粉でとろみをつけ、煮立たせる。

4. **3**になすと**2**を入れてからめる。

社員の声 関口(由)さん
「長ねぎは焼き色をつけると、見た目にもきれい」

コンビーフでボリューム増
コンビーフの卵焼き

材料（2人分）

ノザキのコンビーフ	1/2 缶
卵	2 個
サラダ油	適量
A 酒	小さじ 1/2
A しょうゆ	小さじ 1/2
A 砂糖	適量
A 塩	適量

つくり方

1. 卵を割りほぐし、**A** を加えてよく混ぜる。

2. **1**にほぐしたコンビーフを加えて、よく混ぜる。

3. 温めたフライパンに薄くサラダ油を敷き、**2**を焼く。お好みでスクランブルエッグやオムレツにしても。

社員の声 一柳さん
「朝ごはんにも、お弁当のおかずにも！」

COLUMN I ♡ 05 ノザキといえば牛です!

牛のイラストは
ノザキのコンビーフの**広告塔**です。

①カレンダー ②ボールペン ③メモ帳
④クリアファイル ⑤うちわ ⑥ふせん
⑦キーホルダー ⑧ストラップ

食品流通部
常温食品グループ
関口さん

「ノザキのコンビーフ」の名前は知らなくても、台形のかたちとレトロな缶のデザインは、誰しも一度は目にしたことがあると思います。缶詰でのコンビーフ発売当初からほぼ変わっていないこのデザインのファンという方も多く、ちょっとリアルな牛のイラストはノザキのコンビーフを象徴する存在。そして、そのままでもシルエットにしても絵になるこの牛は、「ノザキのコンビーフ」のノベルティグッズをつくるときに、シンボルキャラクターとして大活躍するのです。こちらをじっと見つめる牛さんの顔、意外に愛嬌があります!

SPECIAL COLUMN

シェフ直伝!

ノザキのコンビーフでつくる よそいきレシピ

コンビーフときのこのアンクルート

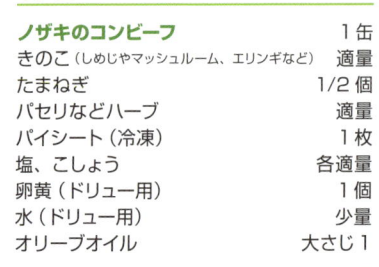

アンクルート = パイの包み焼き

材料 (1本 [2〜3人] 分)

ノザキのコンビーフ	1缶
きのこ (しめじやマッシュルーム、エリンギなど)	適量
たまねぎ	1/2個
パセリなどハーブ	適量
パイシート (冷凍)	1枚
塩、こしょう	各適量
卵黄 (ドリュー用)	1個
水 (ドリュー用)	少量
オリーブオイル	大さじ1

一度ラップにくるんで成型すると、きれいに形がつくれます。焼き加減の目安は、表面にこんがり焼き色がつく程度。

作り方

1. きのこは1cm角にさいの目切り、たまねぎはみじん切りにして塩を振り、オリーブオイルで炒める。
2. 冷ました**1**とコンビーフ、パセリのみじん切りを混ぜ合わせ、塩、こしょうを振る。
3. **2**を棒状に成型して、常温にもどして適当な大きさにのばしたパイシートに置いて包む。シートは、ドリュー (溶いた卵黄に水を4〜5滴加えたもの) をのりにして止める。冷蔵庫で10分ほど寝かせる。
4. 冷蔵庫から取り出した**3**の表面に、残ったドリューをハケで塗ってオーブンに入れ、220〜250℃で10分、150〜180℃で20分焼く。

アボカドと焼きなすの コンビーフテリーヌ

材料 (テリーヌ型1本分)

脂肪分ひかえめコンビーフ	2缶
なす	4本
アボカド	2個
モッツァレラチーズ	100g
塩、レモン汁	各適量

テリーヌに水分は大敵! 焼きなすの水気はペーパータオルなどでしっかり吸い取って。

作り方

1. なすはオーブントースターでよく焼き、氷水にとってすばやく皮を剥く。水気を十分に取って1cmほどの厚さにスライスする。アボカドは1cmくらいにスライスし、塩とレモン汁でマリネしておく。モッツァレラチーズ、コンビーフも1cmほどにスライスする。
2. テリーヌ型にラップを敷き、1層ずつ塩を振りながらアボカド、コンビーフ、焼きなす、チーズ、コンビーフ、アボカドの順番で均等に重ねていく。
3. おもしをして3時間以上、冷蔵庫で寝かせる。
4. お好みの幅でスライスし、ブリオッシュ(食パンでも可)のトーストやマスカルポーネチーズを添える。

SPECIAL COLUMN

コンビーフのポジャルスキー風

材料 (3個分)

A	**熟成コンビーフ**	1缶
	卵黄	1個
	ナツメグ	少量
	牛乳	10cc
	粉チーズ	10g
	パン粉	15g
	塩、こしょう	各適量
たまねぎ		中1/2個
卵白		1個
小麦粉		適量
オリーブオイル		適量
【ドレッシング】		
粒マスタード		小さじ1
ディジョンマスタード		大さじ1
はちみつ		20cc
マヨネーズ		20cc
レモン汁		適量

使ったのはコレ！
11種類のハーブと天日塩で3日間熟成塩漬した、風味豊かなコンビーフ。

ポジャルスキー＝ロシアのナゲット

> たまねぎは大きさをそろえてカットし、じっくりソテーして。

作り方

1. たまねぎはみじん切りにする。均等に熱が入るよう、細かくなくてもいいので同じ大きさにカットするのがポイント。フライパンにオリーブオイルを敷き、焦がさないよう注意しながら半透明になるまで弱火でじっくり炒める。ねぎ臭さがとんだら塩（分量外）を振り、火を止めて蓋をし、冷めるまで寝かせる。
2. 1とAをボウルでよく混ぜ合わせる。等分して小麦粉をまぶしながら成型し、10分以上寝かせる。
3. 溶いた卵白に少量の小麦粉（分量外）を加え、2に塗ってパン粉をまぶす（乾燥して固くなったフランスパンをフードプロセッサーなどで細かくすると、きめ細かなパン粉がかんたんにできる）。
4. フライパンにオリーブオイルを敷き、3をソテーする。お好みの蒸し野菜と材料を混ぜたドレッシングを添えたお皿に盛りつける。

コンビーフとじゃがいものガレット

使ったのはコレ！
山形県産牛肉を使用し、手詰めで牛肉の旨みと食感を残した本格コンビーフ。

材料 (2人分)

山形県産牛コンビーフ	1缶
じゃがいも（メークイン）	大1個
タイムなど香りの強いフレッシュハーブ	4〜5g
バター	20g
塩、こしょう	各適量
野菜やチーズ	お好みで
バルサミコ酢、オリーブオイル	各適量

厚さはお好みで。薄くするとパリパリした食感が楽しめます。

作り方

1. じゃがいもはスライサーでスライスし、細切りにする。細い方が焼いたときの食感が楽しめる。でんぷんが流れてしまうので水にはさらさず、バターを溶かしたフライパンにすぐに入れて弱火でじっくり炒め、油をなじませる。
2. タイムなど、ハーブの葉をちぎって 1 に加える。ほぐすか細かくカットしたコンビーフも入れて弱火でさらに炒め、じゃがいものでんぷんが出てネバネバしてきたら軽く塩、こしょうを振って味を調える。
3. 2 をバットなどにあけ、セルクル（丸い型）に等分して入れて、厚みが均等になるようプレスして成型する。型がなければラップなどに包んで手でおして成型してもよい。30分ほど冷蔵庫で寝かせ、でんぷんを固める。
4. 寝かせた生地を両面がパリパリになるまでフライパンで焼く。お皿に盛り、野菜やチーズをのせバルサミコ酢とオリーブオイルをかける。

SPECIAL COLUMN

よそいきレシピ考案

高田修平 シェフ

1974年、浅草生まれ。16歳でフランス料理の世界に入る。都内のフレンチレストランやホテル勤務を経て、1998年に渡仏。4年間をフランスで過ごし、2003年3月に「PATATI-PATATA」をオープン。2011年には人形町にフレンチバル「St-pierre（サンピエール）」をオープンさせた。

今回、スペシャルなコンビーフレシピを考案していただいた高田修平さんは、浅草橋にあるフレンチレストラン「PATATI-PATATA（パタティパタタ）」のオーナーシェフ。家庭でも手軽にできてちょっとよそいきなコンビーフの使い方を教えていただきました。「コンビーフって本当に面白い食材！」と、アイデアをどんどん出してくれたシェフ厳選レシピは、難しい工程がひとつもないシンプルなものばかり。ぜひ、プロ直伝の味にチャレンジしてみてください。

PATATI-PATATA
（パタティパタタ）

東京都台東区浅草橋5-5-5
TEL 03-3861-7265

HP www.patatipatata.jp
Lunch 11：30-14：30
Dinner 18:00-21:30 (L.O.)
定休日 日曜、祝日

おわりに

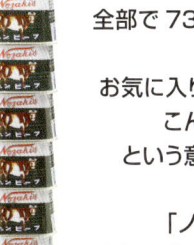

社員考案の 69 レシピ
＋
シェフ直伝の 4 レシピ、
全部で 73 個のメニューを掲載しました。

お気に入りの一品は見つかりましたか？
こんな使い方があるのか！
という意外な発見はありましたか？

「ノザキのコンビーフ」は、
2013 年に発売 65 周年を迎えました。
100 年、200 年とこれからもみなさまに
愛される存在であり続けたいと思います。

これからもキッチンに置いて、
コンビーフライフを満喫してくださいね！

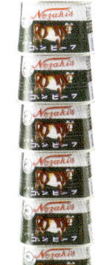

おもな食材 INDEX

野菜・きのこ	アボカド	コンビーフアボカドごはん	22
		アボカドと焼きなすのコンビーフテリーヌ	119
	エリンギ	コンビーフときのこのアンクルート	118
	大葉	コンビーフの香味和え	31
		高野豆腐のコンビーフ挟み揚げ焼き	60
		コンビーフ炊き込みごはん	82
		コンビーフのガーリックライス	83
		コンビーフそうめん	108
	かいわれ大根	コンビーフのユッケ風	24
	きぬさや	コンビーフのガーリックライス	83
		コンビーフで2色丼	86
	キャベツ	にんじんとキャベツのコンビーフ炒め	27
		コンビーフのフーチャンプルー	36
		コンビーフキャベツ	52
		コンビーフロールキャベツ	53
		コンビーフキャベツスープ	67
		コンビーフ春巻き	91
		お好みコンビーフ	102
		コンビーフもんじゃ	110
		コンビーフぎょうざ	114
	きゅうり	コンビーフのタイ風春雨サラダ	66
		コンビーフで洋風ちらし寿司	74
		コンビーフそうめん	108
	ゴーヤ	コンビーフゴーヤチャンプルー	46
	ごぼう	コンビーフ炊き込みごはん	82
		コンビーフのガーリックライス	83
	サニーレタス	コンビーフタコス	89
	しいたけ	トマトのコンビーフ詰めあんかけ	42
		しいたけのコンビーフ詰め	47
		コンビーフ卯の花	69
		厚揚げのコンビーフ詰め	90
		コンビーフ春巻き	91
		コンビーフン	109
	しめじ	コンビーフトマトリゾット	106
		コンビーフときのこのアンクルート	118
	じゃがいも	コンビーフミルフィーユ	84
		コンビーフ焼きコロッケ	87
	じゃがいも（メークイン）	コンビーフとじゃがいものガレット	121
	春菊	コンビーフおやき すき焼き風	78
	しょうが	コンビーフの甘辛炒め	28
		コンビーフそうめん	108
		コンビーフのジャージャー麺	113
	ズッキーニ	コンビーフのさっぱりパスタ	62
	セロリ	コンビーフビーンズ	64
	大根	大根とコンビーフの煮物	68
	たけのこ	トマトのコンビーフ詰めあんかけ	42
		厚揚げのコンビーフ詰め	90
		コンビーフ春巻き	91
		コンビーフ炒飯	105
		コンビーフン	109
		コンビーフのすき焼き風卵とじ	111
	たまねぎ	コンビーフのリエット	16
		コンビーフのオーブントースト	29
		コンビーフのトマト・ファルシ	38
		コンビーフキムチ丼	44
		コンビーフでスタッフド・オニオン	51
		コンビーフロールキャベツ	53
		コンビーフビーンズ	64
		コンビーフミートソースで豆腐のラザニア風	76
		コンビーフおやき すき焼き風	78
		コンビーフ炊き込みごはん	82
		コンビーフのガーリックライス	83
		コンビーフパンケーキ	85
		コンビーフでムサカ	86
		コンビーフ焼きコロッケ	87
		コンビーフでスコッチエッグ	88
		コンビーフタコス	89

	コンビーフのペンネグラタン	98
	コンビーフトマトリゾット	106
	コンビーフコンソメリゾット	107
	コンビーフときのこのアンクルート	118
	コンビーフのポジャルスキー風	120
チンゲン菜	コンビーフとチンゲン菜のミルク煮	40
トマト	コンビーフのトマト・ファルシ	38
	トマトのコンビーフ詰めあんかけ	42
	コンビーフのさっぱりパスタ	62
	コンビーフのタイ風春雨サラダ	66
	コンビーフタコス	89
	コンビーフそうめん	108
	コンビーフのジャージャー麺	113
ミニトマト	コンビーフキャベツスープ	67
	コンビーフのカラフルパスタサラダ	72
	コンビーフで洋風ちらし寿司	74
長ねぎ	コンビーフのユッケ風	24
	コンビーフの甘辛炒め	28
	コンビーフ卵の花	69
	厚揚げのコンビーフ詰め	90
	お好みコンビーフ	102
	コンビーフ炒飯	105
	コンビーフのすき焼き風卵とじ	111
	コンビーフで麻婆豆腐	112
	コンビーフのジャージャー麺	113
	コンビーフ団子味噌炒め	115
なす	コンビーフミートソースで豆腐のラザニア風	76
	コンビーフミルフィーユ	84
	コンビーフでムサカ	86
	コンビーフのペンネグラタン	98
	コンビーフ団子味噌炒め	115
	アボカドと焼きなすのコンビーフテリーヌ	119
ニラ	コンビーフとニラのもちふわチヂミ	104
	コンビーフぎょうざ	114
にんじん	にんじんとキャベツのコンビーフ炒め	27
	コンビーフビーンズ	64
	コンビーフのタイ風春雨サラダ	66
	コンビーフ卵の花	69
	コンビーフで洋風ちらし寿司	74
	コンビーフミートソースで豆腐のラザニア風	76
	コンビーフでムサカ	86
	コンビーフのペンネグラタン	98
	コンビーフン	109
にんにく	コンビーフのユッケ風	24
	コンビーフキャベツ	52
	コンビーフのさっぱりパスタ	62
	コンビーフミートソースで豆腐のラザニア風	76
	コンビーフのガーリックライス	83
	コンビーフでムサカ	86
	コンビーフのペンネグラタン	98
	コンビーフコンソメリゾット	107
	コンビーフぎょうざ	114
パプリカ	コンビーフゴーヤチャンプルー	46
万能ねぎ	コンビーフ卵かけごはん	18
	コンビーフのユッケ風	24
	コンビーフキムチ丼	44
	しいたけのコンビーフ詰め	47
	味噌チーズ豆腐コンビーフ	56
	大根とコンビーフの煮物	68
	コンビーフおやき すき焼き風	78
	コンビーフ炊き込みごはん	82
	コンビーフのガーリックライス	83
	コンビーフで麻婆豆腐	112
ピーマン	トマトのコンビーフ詰めあんかけ	42
	ピーマンとコンビーフの炒め煮	50
ブロッコリー	ブロッコリーのコンビーフ炒め	49
	コンビーフコンソメリゾット	107

	ほうれん草	コンビーフほうれん草炒め	48
		コンビーフのケーク・サレ	80
	マッシュルーム	コンビーフときのこのアンクルート	118
	水菜	コンビーフのさっぱりパスタ	62
		コンビーフのジャージャー麺	113
	みょうが	コンビーフの香味和え	31
	もやし	コンビーフのフーチャンプルー	36
	らっきょう	コンビーフの香味和え	31
大豆製品	厚揚げ	厚揚げのコンビーフ詰め	90
	おから	コンビーフ卯の花	69
	絹ごし豆腐	コンビーフミートソースで豆腐のラザニア風	76
		コンビーフで麻婆豆腐	112
	高野豆腐	高野豆腐のコンビーフ挟み揚げ焼き	60
	木綿豆腐	コンビーフゴーヤチャンプルー	46
		味噌チーズ豆腐コンビーフ	56
		コンビーフと豆腐の重ね蒸し	65
ごはん・パン パスタ・麺類	ごはん	コンビーフ卵かけごはん	18
		コンビーフアボカドごはん	22
		コンビーフの佃煮でお茶漬け風	32
		コンビーフキムチ丼	44
		コンビーフで洋風ちらし寿司	74
		コンビーフで2色丼	94
		コンビーフオムライス	96
		コンビーフ炒飯	105
		コンビーフコンソメリゾット	107
	米	コンビーフ炊き込みごはん	82
		コンビーフのガーリックライス	83
		コンビーフトマトリゾット	106
	ショートパスタ	コンビーフのカラフルパスタサラダ	72
	食パン	コンビーフのオーブントースト	29
	スパゲティ	コンビーフのさっぱりパスタ	62
		コンビーフでカルボナーラ	100
	そうめん	コンビーフそうめん	108
	中華麺	コンビーフのジャージャー麺	113
	春雨	コンビーフのタイ風春雨サラダ	66
	ビーフン	コンビフン	109
	ペンネ	コンビーフのペンネグラタン	98
	もち	コンビーフとニラのもちふわチヂミ	104
卵	ウズラの卵	コンビーフそうめん	108
	卵	コンビーフ卵かけごはん	18
		コンビーフのピカタ	26
		コンビーフのフーチャンプルー	36
		トマトのコンビーフ詰めあんかけ	42
		コンビーフゴーヤチャンプルー	46
		コンビーフロールキャベツ	53
		コンビーフ茶碗蒸し	58
		高野豆腐のコンビーフ挟み揚げ焼き	60
		コンビーフで洋風ちらし寿司	74
		コンビーフのケーク・サレ	80
		コンビーフパンケーキ	85
		コンビーフでスコッチエッグ	88
		コンビーフで2色丼	94
		コンビーフオムライス	96
		コンビーフでカルボナーラ	100
		お好みコンビーフ	102
		コンビーフとニラのもちふわチヂミ	104
		コンビーフ炒飯	105
		コンビーフのすき焼き風卵とじ	111
		コンビーフの卵焼き	116
		コンビーフのポジャルスキー風	120
	卵黄	コンビーフのユッケ風	24
		コンビーフときのこのアンクルート	118
乳製品	カッテージチーズ	コンビーフのケーク・サレ	80
	牛乳	コンビーフとチンゲン菜のミルク煮	40
		コンビーフロールキャベツ	53
		コンビーフのケーク・サレ	80
		コンビーフパンケーキ	85

		コンビーフオムライス	96
		コンビーフのボジャルスキー風	120
	粉チーズ	コンビーフのピカタ	26
		コンビーフのカラフルパスタサラダ	72
		コンビーフでカルボナーラ	100
		コンビーフトマトリゾット	106
		コンビーフのボジャルスキー風	120
	サワークリーム	コンビーフディップ	33
	チェダーチーズ	コンビーフタコス	89
	とろけるチーズ	コンビーフのトマト・ファルシ	38
		コンビーフのしいたけ詰め	47
		味噌チーズ豆腐コンビーフ	56
		高野豆腐のコンビーフ挟み揚げ焼き	60
		コンビーフミートソースで豆腐のラザニア風	76
		コンビーフミルフィーユ	84
	生クリーム	コンビーフでカルボナーラ	100
	ピザ用チーズ	コンビーフのオーブントースト	29
		コンビーフでムサカ	86
		コンビーフのペンネグラタン	98
	プロセスチーズ	コンビーフのケーク・サレ	80
		コンビーフパンケーキ	85
	モッツァレラチーズ	コンビーフでカプレーゼ	20
		アボカドと焼きなすのコンビーフテリーヌ	119
その他	赤ワイン	コンビーフミートソースで豆腐のラザニア風	76
		コンビーフでムサカ	86
		コンビーフのペンネグラタン	98
	柿の種	コンビーフ焼きコロッケ	87
	トマト缶	コンビーフロールキャベツ	53
	(カット／ホール)	コンビーフビーンズ	64
		コンビーフミートソースで豆腐のラザニア風	76
		コンビーフでムサカ	86
		コンビーフのペンネグラタン	98
		コンビーフトマトリゾット	106
	トマトピューレ	コンビーフミートソースで豆腐のラザニア風	76
		コンビーフでムサカ	86
		コンビーフのペンネグラタン	98
	キムチ	コンビーフキムチ丼	44
	ぎょうざの皮	コンビーフぎょうざ	114
	栗の甘露煮	コンビーフと豆腐の重ね蒸し	65
	車麩	コンビーフのフーチャンプルー	36
	小エビ	コンビーフで洋風ちらし寿司	74
		コンビーフン	109
	コーン缶	コンビーフのオーブントースト	29
		ブロッコリーのコンビーフ炒め	49
		コンビーフのカラフルパスタサラダ	72
	桜エビ	コンビーフもんじゃ	110
	しらたき	コンビーフおやき すき焼き風	78
		コンビーフのすき焼き風卵とじ	111
	白ワイン	コンビーフトマトリゾット	106
	デミグラスソース	コンビーフでスタッフド・オニオン	51
	甜麺醤	コンビーフで麻婆豆腐	112
		コンビーフのジャージャー麺	113
	豆板醤	コンビーフで麻婆豆腐	112
	パイシート	コンビーフときのこのアンクルート	118
	はちみつ	コンビーフのユッケ風	24
		コンビーフビーンズ	64
		コンビーフおやき すき焼き風	78
		コンビーフのボジャルスキー風	120
	春巻きの皮	コンビーフ春巻き	91
	ピーナツ	コンビーフのタイ風春雨サラダ	66
	ホットケーキミックス	コンビーフパンケーキ	85
	ホワイトソース	コンビーフでムサカ	86
	ミックスビーンズ缶	コンビーフビーンズ	64
		コンビーフのカラフルパスタサラダ	72
	めんつゆ	コンビーフゴーヤチャンプルー	46
		コンビーフそうめん	108
		コンビーフのすき焼き風卵とじ	111

川商フーズ株式会社
東京都千代田区大手町2丁目7番1号
JFE商事ビル5階
www.cornedbeef.jp

社員が本当におすすめする
ノザキのコンビーフレシピ

2013年10月30日 初版第1刷発行

監　　　修／川商フーズ株式会社

協　　　力／川商フーズ株式会社 社員の皆さん
撮　　　影／森垣 正博（Studio AM）
調理・スタイリング／長嶺 李砂
デザイン／有限会社中野商店
イラスト／村野 千草
編集制作／オフィス三銃士

発　行　者／瓜谷 綱延
発　行　所／株式会社文芸社
　　　　　　〒160-0022 東京都新宿区新宿1-10-1
　　　　　　電話　03-5369-3060（編集）
　　　　　　　　　03-5369-2299（販売）

印刷所／図書印刷株式会社

©KAWASHO FOODS CORPORATION 2013 Printed in Japan
乱丁本・落丁本はお手数ですが小社販売部宛にお送りください。
送料小社負担にてお取り替えいたします。
ISBN 978-4-286-14405-4